natürlich oekom!

Mit diesem Buch halten Sie ein echtes Stück Nachhaltigkeit in den Händen. Durch Ihren Kauf unterstützen Sie eine Produktion mit hohen ökologischen Ansprüchen:

- ○ 100 % Recyclingpapier
- ○ mineralölfreie Druckfarben
- ○ Verzicht auf Plastikfolie
- ○ Kompensation aller CO_2-Emissionen
- ○ kurze Transportwege – in Deutschland gedruckt

Weitere Informationen unter www.natürlich-oekom.de und #natürlichoekom

Bibliografische Information der Deutschen Nationalbibliothek:
Die Deutsche Nationalbibliothek verzeichnet diese Publikation
in der Deutschen Nationalbibliografie; detaillierte bibliografische
Daten sind im Internet über www.dnb.de abrufbar.

© 2022 oekom verlag, München
oekom – Gesellschaft für ökologische Kommunikation mbH
Waltherstraße 29, 80337 München

Korrektur: Regina Schlager, ReConnect, Zürich
Layout und Satz: Matthias Jung
Umschlaggestaltung: Mirjam Höschl, oekom verlag
Umschlagabbildung: © bignozie/Adobe Stock
Druck: CPI books GmbH, Leck

ISBN 978-3-96238-365-7

Christine Jung
Matthias Jung

Den Wandel wagen

Widerstände überwinden auf dem Weg in eine bessere Zukunft

Inhaltsverzeichnis

Einleitung

»Dialog bedeutet, sich gegenseitig beim Denken zu helfen, sich streitend fortzubewegen, eine Art Provisorium des Fundamentalen zu schaffen.« (Luisa Neubauer/Bernd Ulrich)

Wie finden wir Wege in eine gute Zukunft?
Was können wir persönlich dazu beitragen?
Wo finden sich die dafür hilfreichen Potenziale?
Wie lassen sich Widerstände, die wir alle in uns tragen, konstruktiv einbinden?
Welche äußeren Widerstände behindern Wandel?
Wie können sie überwunden werden?
Welche Ansätze und Methoden sind geeignet, um eine gelingende Zukunft zu gestalten?
Was motiviert Menschen, sich in diesem Wandel mutig auf den Weg zu machen?
Wir haben viele Fragen.
Seit vielen Jahren befinden wir uns, Christine und Matthias, als Ehepaar in einem kontinuierlichen Austausch zu gesellschaftlichen Fragen. Wir schauen aus unterschiedlichen Perspektiven auf Klimawandel, New Work, Persönlichkeitsentwicklung und das gute Leben und Arbeiten der Zukunft. Der Wandel ist unser Thema, 2019 haben wir dazu ein Jahr lang auf Instagram eigene Wandelpunkte beschrieben.
Aus unserer Sicht kann der Wandel, der uns alle betrifft, nur im Dialog befördert werden. Wir glauben, dass Fragen hier eher weiterhelfen als Antworten. Gute Fragen und echtes Interesse am Gegenüber öffnen Menschen für Gespräche, öffnen Herzen. Unsere Begeisterung für offene und echte Fragen verbinden wir in diesem Buch mit Einblicken in unsere Erfahrungen und Empfindungen. Das geschieht in der Hoffnung, dass wir Sie, liebe Leser:in, anregen, sich mit diesen Fragen ebenfalls zu befassen. So, wie wir es immer wieder tun. In einen Spiegel zu schauen und uns zu fragen: Was sehe ich, wenn ich mich anschaue? Gefällt mir das, was ich sehe? Sachfragen

sind nicht zu trennen von unseren Erfahrungen, und die persönliche Weiterentwicklung geschieht immer im gesellschaftlichen Kontext. Diese Wechselwirkungen faszinieren uns.

Wir sind sehr unterschiedliche Persönlichkeiten und bewegen uns in verschiedenen beruflichen Kontexten. Wir reiben und spiegeln uns aneinander. Das führt immer wieder in einen fruchtbaren und belebenden Dialog, auch zu konstruktivem Streit. Sowohl der Prozess als auch die Fragen und die Antwortversuche drücken sich in den Essays dieses Buches aus.

Im Kern sind es zwei Aspekte, die uns miteinander verbinden. Die Begegnung 2007 mit Frithjof Bergmann und ein stetiges Ringen um stimmige Begrifflichkeiten und Leitbilder. Frithjof Bergmanns sogenanntes »Mantra von New Work«, dass es kaum etwas anderes gibt, das Menschen zufriedener macht, als Tätigkeiten, die sie *wirklich wirklich wollen*, veränderte vor fünfzehn Jahren buchstäblich unser Leben. Zugleich sind wir stetig auf der Suche nach einer Sprache, die ausdrückt, was wir denken und empfinden. Das verbindet sich mit der Frage, welche Leitmotive geeignet sind, Horizonte und somit die Zukunft zu öffnen. Die Essays dieses Buches sind eine Frucht aus den langjährigen Gesprächen zwischen diesen beiden Polen.

Wie kam es zu diesem Buch?

Matthias bekam im Sommer 2021 die Chance, innerhalb einer dreimonatigen beruflichen Auszeit mehrere Essays zum Gedanken einer Circular Society zu verfassen. Dabei stand für ihn die Frage im Mittelpunkt, ob und wie sich unsere Gesellschaft, unser Leben, unsere Arbeit, unsere Kultur und unsere Wirtschaft unter dem Leitbild der Zirkularität neu aufstellen können. Zugleich ging es für ihn darum zu prüfen, ob und wie diese Gedanken mit dem Mantra von Frithjof Bergmann vereinbar sind.

Christine fand im Frühsommer dieses Jahres für sich eine Antwort auf eine der großen Fragen ihres Lebens. Das war für sie die Voraussetzung, ihre Vision noch einmal auf den Prüfstand zu stellen und neu zu formulieren. Heraus kam eine präzise Beschreibung dessen, was sie *wirklich wirklich will*: eine Utopie für sich selbst und für unsere Gesellschaft.

Auf einem Spaziergang Ende Juli tauchte spontan die Idee auf, unsere jeweiligen Sichtweisen und Gedanken in einem gemeinsamen Buch zu veröffentlichen. Aus diesem zunächst verrückt klingenden Gedanken entwickelte sich in Facetime-Gesprächen die Idee weiter, während des Aufenthaltes von Matthias Anfang August in Katerini (Griechenland). Nach und nach konkretisierte sie sich, unsere Zweifel schwanden. Wieder vereint in Hannover war die Entscheidung gefallen.

Unsere Texte spiegeln unterschiedliche Erfahrungshintergründe. Manche Texte haben eine größere Nähe zueinander, andere weniger. Deswegen entschieden wir uns, unsere jeweiligen Essays in zwei Blöcke aufzuteilen. Zunächst kommen die Texte von Christine und anschließend die von Matthias. Alle Essays lassen sich einzeln lesen, auch wenn die von Christine inhaltlich enger miteinander verbunden sind. Christine kommt stärker von der persönlichen Reflexion, ihre Texte stellen die Essenz von dem dar, was sich seit der Begegnung mit Frithjof Bergmann bei ihr entwickelt hat. Matthias kommt eher von der Reflexion seiner beruflichen Tätigkeiten, seine Essays schließen in vielen Aspekten an sein Buch »Unverbundenes verbinden« aus dem Jahr 2020 an. In diesem Jahr haben wir während der Arbeit an diesen Essays die Erfahrung gemacht, dass wir anfingen, hier und da die Rollen zu tauschen. Vereinfacht gesagt, Christine erlebt einen Wandel von innen nach außen, bei Matthias ist es umgekehrt.

Worum geht es in unseren Essays?

In Christines erstem Text geht es um die wunderbare Kraft der Freude, die oft zu wenig genutzt wird. In einem poetischen Dialog beschreibt sie anschließend das von ihr entwickelte Wesenskernspiel, welches die Grundlage ihrer Arbeit und ihrer Vision ist. Die Begegnung mit Frithjof Bergmann und die Auseinandersetzung mit seiner Philosophie wurden Ausgangspunkt ihres heutigen Tuns als Coachin. Den Weg dorthin beschreibt sie in dem Essay »Wie alles begann: Die Geschichte des Wesenskernansatzes«. In einem weiteren Text skizziert sie ihre Utopie und Vision, die sie antreiben, sich für ein gutes Lebens für alle Menschen zu engagieren. »Ich habe es geschafft – die Kraft des *wirklich wirklich wollens*« ist ein sehr persönlicher Text, in dem sie eine Entwicklung in ihrem Leben beschreibt, die sich über viele Jahre hingezogen hat. Im letzten Essay reflektiert sie die Geschichte ihrer eigenen hochsensitiven Hochbegabung im Kontext von menschlicher Vielfalt und Diversität, verbunden mit einem Plädoyer, sich als Mensch in all seinen Qualitäten und Begrenzungen zu zeigen.

Matthias beantwortet in seinem ersten Essay eine Frage, die Christine ihm gestellt hat: Was treibt dich persönlich an, dich zu wandeln? Er beschreibt verschiedene Erfahrungen aus seinem Leben aus den Blickwinkeln von Kontext und Biografie. In seinem zweiten Text reflektiert er die Stärke schwacher Beziehungen (Mark Granovetter) im Blick auf die anstehende Transformation in der Gesellschaft. Das dritte Essay setzt sich kritisch mit dem Bild des Kreislaufs auseinander, das in Begriffen wie Circular Economy oder neuerdings einer Circular Society auftaucht und verstärkt als Leitbild für die nächsten Jahrzehnte angesehen wird. Der folgende Text »Abfall oder: Wem gehört die Welt?« ist eine exemplarische Vertiefung des Kreislaufbegriffs. In »Modern Monetary Theory und Jobgarantie: Eine Chance für New Work« reflektiert er diese noch recht neue Theorie der Staatsfinanzierung unter der Fragestellung, welche Chancen sich durch diesen neuen Ansatz für Menschen ergeben könnten, die erwerbslos sind. Dies ist ein Themenfeld, in dem sich Matthias seit fast dreißig Jahren im KDA (Kirchlicher Dienst in der Arbeitswelt) engagiert. Kreislaufwirtschaft geht auch ohne Geld, und so ergeben sich Chancen für solidarisches Handeln. Die Bürgerinitiative O topos mou in Katerini (Nordgriechenland) ist dafür ein Beispiel. Matthias besuchte im Sommer 2021 die Initiative und hat seine dort gewonnenen Eindrücke aufgeschrieben. Das letzte Essay schließlich geht der Frage nach, ob und wie wir in der Gesellschaft öffentliche Formen finden, gemeinsam zu trauern und zu klagen, um daraus Kraft, Mut und Hoffnung für den Wandel zu finden.

Unsere dreizehn Essays sind divers, so wie wir beide. Es gibt Schnittmengen und Bezüge, bestimmte Fragen tauchen immer wieder auf. Den roten Faden, der die Texte verbindet, haben wir selbst erst spät gefunden: Es geht immer wieder um die Frage, welche Widerstände Menschen behindern und wie sie überwunden werden können, wenn Menschen sich auf den Weg in die Zukunft machen. Widerstände sind so divers wie die Menschen. Manche liegen in uns selbst, sind in unserer Biografie angelegt, anderen begegnen wir in der Gesellschaft. Widerstände zu erkennen, sie aufzulösen oder zu bekämpfen ist eine anstrengende, aber lohnende Aufgabe. Sie gelingt vor allem dann, wenn wir in den Spiegel des oder der anderen sehen und bereit sind, mit ihr oder ihm in den Dialog zu treten.

Das erwartet Sie, wenn Sie jetzt umblättern. Sie können die Essays der Reihe nach lesen oder in ihnen stöbern. Jeder Text ist in sich abgeschlossen, zusammen ergeben sie ein Mosaik unserer Dialoge. Wenn Sie mit uns ins Gespräch kommen wollen, freuen wir uns!

Ein Hinweis zur Verwendung des Begriffs *»wirklich wirklich wollen«*: Der Ausdruck gilt heute als Mantra von Frithjof Bergmann und existiert in zahlreichen Schreibweisen. Wir verwenden ihn ohne Kommata und Bindestriche und setzen ihn kursiv.

Literatur:

Jung, Matthias (2020): Unverbundenes verbinden. Dialog und Spiritualität in der sozial-ökonomischen Transformation, München

Neubauer, Luisa/Ulrich Bernd (2021): Noch haben wir die Wahl. Ein Gespräch über Freiheit, Ökologie und den Konflikt der Generationen, Stuttgart

Teil I (Christine Jung)

Der Spur der Freude folgen

Stelle dir für einen genussvollen Moment vor, dass du zukünftig alle großen Entscheidungen aus der Perspektive der Freude prüfen und treffen wirst. Wie du dich mit dem verbindest, was dein ganz persönliches Ding ist. Wie du eintauchst in einen Ort, der für dich stimmig und mit Freude besetzt ist. Freude kann das rettende Ufer sein, auf das du zuschwimmst und dessen Land du eroberst. Freude feiert das Leben und die Schönheit dieser Welt.

Du spürst dich selbst in der Freude und erlebst, dass etwas einfach gut ist. Freude ist wie eine Insel, die du immer wieder erreichen kannst, auch wenn das Leben zwischendurch anderes beinhaltet. Sich der Freude zuzuwenden ist eine Entscheidung, die du einmal grundsätzlich und täglich immer wieder treffen kannst. Nichts ist schöner als Freude, Glück und Liebe zu fühlen. Sie berührt eine tiefe Lebenssehnsucht in dir, denn wir alle streben nach Erfüllung und gelingendem Leben. Freude ist aufs engste mit deinen intrinsischen Motivationen verknüpft, das heißt, sie kommt einfach aus dir heraus. Du tust etwas, das mit Freude verbunden ist, weil du es wirklich willst. Freude und diese Art der Motivation finden wir in uns selbst, sie sind in jedem Menschen angelegt.

Freude ist eine Entdeckungsreise zu dir, zu deinen grundlegenden Fragen: Wer bin ich, und was macht mich aus? Freude ist das Antidot, die Therapie für unsere schmerzenden Herzen. Freude ist Präsenz, im Moment sein, Sein an sich. Freude ist!

Warum Freude?

Im Laufe der Zusammenarbeit mit meinen Kund:innen wurde mir die Qualität und Bedeutung der Freude für mein Tun immer klarer. Es tauchte die Überlegung auf, ob das, was Menschen *wirklich wirklich wollen* und die Freude vielleicht zwei Seiten einer Medaille sind und untrennbar zusammengehören.

Freude gehört nach Vivian Dittmar zu den fünf Grundgefühlen des Menschen. Freude ist das einzige Gefühl, das neben Wut, Trauer, Angst und Scham positiv besetzt ist. Die Grundaussage der Freude ist: Das ist richtig, das ist schön! Freude können wir als konstruktive Kraft für unser Leben nutzen (ob beruflich oder privat), immer da, wo sie mit unseren Interessen und Bedürfnissen übereinstimmt. In der herkömmlichen Arbeitswelt wird Gefühlen keine große Rolle zugestanden, außer dass sie mit komplizierten und anstrengenden Mitarbeitenden assoziiert werden. Mit schlechter Leistung, Krankheitstagen und vielen weiteren Folgen.

Seit Beginn der Industrialisierung, die unsere Arbeitswelt bis heute prägt, lag der Fokus vor allem auf funktionierenden Mitarbeitenden. Das zunehmende Tempo, mit dem sich seitdem die Arbeitswelt verändert, führte in den 1960er Jahren dazu, den Blick stärker auf die Fähigkeiten und Stärken der Arbeitnehmer:innen zu richten. Insbesondere die »sozialen Kompetenzen« (wie Kommunikationsfähigkeit, Konfliktfähigkeit, Flexibilität, Teamfähigkeit und Lernfähigkeit) rückten in den Fokus, von denen man sich versprach, dass sie Menschen erfolgreich in die Lage versetzen würden, dem unaufhaltsamen Wandel zu folgen und sich ihm anzupassen. Seitdem gehört das Vermitteln von sozialen Kompetenzen zum Standard von Berufsausbildungen und Weiterbildungen und findet sich auch in Schulen häufig im Lehrplan. Wissen und Techniken werden vermittelt, aber nicht, wie man mit Kränkungen, Ärger und Wut umgehen kann. Mit diesen Gefühlen bleiben viele Arbeitnehmende alleine und auf sich selbst gestellt.

Welche Rolle spielt Freude in New Work? Was will New Work?

Im Kontext von New Work (nach Frithjof Bergmann), das den Anspruch beinhaltet, einen ganzheitlichen Blick auf den arbeitenden Menschen zu haben, und fragt, wie eine gegenwärtige und zukünftige Arbeitswelt aussehen kann, ist die Frage nach dem *wirklich wirklich Wollen* eine der zentralen Fragen. Viele Start-ups und auch etablierte Unternehmen experimentieren inzwischen mit veränderten Arbeitszeitmodellen, Abstimmungsprozessen in Teams, räumlichen Veränderungen und vielem mehr. Ein Begriff taucht dabei häufig auf: den Menschen in den Mittelpunkt zu stellen.

Aus der Perspektive Bergmanns zu schauen bedeutet zu fragen, wie der ganze Mensch, mit seinen Gefühlen, Bedürfnissen und individuellen familiären und gesundheitlichen Aspekten Arbeitsbedingungen vorfindet, die ihm ermöglichen, sich mit seinem Können, seinen Interessen und seinen Möglichkeiten einzubringen. Sodass die Arbeit, die getan wird, nicht Energie raubt, sondern Energie schenkt. Bergmann spricht in diesem Zusammenhang von der Armut der Begierde. Menschen können häufig nicht in Worte fassen, was ihr Eigenes ist. Sie können oft nicht auf die Frage antworten: Was ist es, was du ernsthaft und zutiefst *wirklich wirklich willst*?

In unserer westlichen Kultur werden solche Fragen in dieser Radikalität in der Regel nicht gestellt. Unsere Kultur schaut auf Noten, Zeugnisse und Leistungen – die keineswegs nebensächlich sind, um in dieser Welt einem Teil der Menschen zu ermöglichen ihre Träume umzusetzen. Was aber ist mit den anderen Menschen? Diese Frage ist so schmerzhaft wie wichtig zu stellen. Immer wieder den Finger auf die Wunde des Konstruktes zu legen, das wir in dieser Arbeitswelt geschaffen haben und täglich fortführen. Es braucht viel Anstrengung und Engagement, um auch allen anderen Gesellschaftsgruppen eine Chance gleichberechtigter Teilhabe zu ermöglichen. Bergmann plädierte aus diesem Grund für die Hightech-Eigen-Produktion, um Menschen mit Selbstgeschaffenem die materiellen Voraussetzungen zur finanziellen Freiheit zu geben (2004, S. 323 ff). Der Fabrikator, von dem er zunächst sprach, mündete inzwischen in die 3D-Technologie, die tatsächlich das Potenzial beinhaltet, dass Menschen zu zunehmend erschwinglicheren Preisen Dinge des alltäglichen Bedarfs nicht nur herstellen, sondern auch vertreiben könnten.

Welche Rolle spielt die Freude dabei? Meine These lautet: die Freude und das *wirklich wirklich Wollen* sind zwei Seiten einer Medaille. Wie komme ich zu dieser These?

Die Perspektive des Wesenskernansatzes

Als ich 2011, nachhaltig inspiriert durch Frithjof Bergmanns *wirklich wirklich Wollen*, mit dem von mir entwickelten Wesenskernspiel startete, war mir noch nicht klar, wie essenziell die Freude in meinem Ansatz sein würde. Das begriff ich erst mit der Zeit, als ich merkte, wie hilfreich diese Frage ist, um Freude von Mangel, Bedürftigkeit oder Sehnsüchten abzugrenzen. Eine der zentralen Fragen, die ich einsetze, um mit Freude identifizierte Tätigkeiten und Interessen zu benennen, lautet: Was tun Sie da gerne oder was haben Sie da gerne gemacht? Der oder die Coachee beginnt mit leuchtenden Augen zu erzählen, was er/sie zum Beispiel als Jugendliche gerne gemacht hat. Im Erzählfluss tauchen aber auch Aspekte auf, wo die Stimme verhaltener wird, der Ton neutraler, das Leuchten verschwindet. Es haben sich Erinnerungen eingeschlichen, die sichtbar keine Freude machen. Das sind die Momente, in denen ich nachhake, um die Spieler:innen wieder auf die Spur zu bringen. Was ist mit Freude besetzt? Was tut jemand aus ganzem Herzen gerne? Diese Frage hilft immer, die Antworten erfolgen schnell. Das ist so mit der Freude, mit ihr ist es einfach und leicht.

Das gilt auch für die Visionsentwicklung, wenn es darum geht, auf der Basis der Ergebnisse des Wesenskernspiels zu schauen, was ein Mensch im eigenen Leben *wirklich wirklich will*. Dabei ist die Frage: Hast du Freude daran, die gleiche wie: Willst du das *wirklich wirklich*? Ein Unterschied zwischen der Freude und dem *wirklich wirklich Wollen* liegt darin, dass Freude Präsenz ist, ganz im Moment sein. Das *wirklich wirklich Wollen* bezieht die Zukunft und den ganzen Menschen mit ein und macht auf die Bedürfnisse und Sehnsüchte aufmerksam. Die Freude liefert die Antwort darauf, was das Eigene ist. Die Dinge unter der Lupe der Freude zu betrachten hilft präzise zu benennen, was uns persönlich guttut. Dabei unterstützt uns unser Körper, denn Freude äußert sich spürbar in ihm. Wir richten uns auf, es kribbelt vielleicht im Brust- oder Bauchraum, die Augen leuchten. Wir fühlen Freude, wie wir alle Gefühle fühlen, wenn wir zu ihnen hinspüren, uns selbst zuwenden und uns den Raum dazu geben.

Die Freude an die erste Stelle

Was wäre, wenn wir die Reihenfolge ändern, mit der wir entscheiden? Vor beruflichen Entscheidungen erst die Tätigkeiten, Interessen und intrinsischen Motivationen eines Menschen identifizieren, die mit Freude besetzt sind, und dann konsequent der Spur der Freude folgen, hin zu dem, was ein Mensch *wirklich wirklich will*, und ihn dabei unterstützen? In diesem Prozess hilft es, die Geschwister der Freude dazuzuholen: Stimmigkeit, Übereinstimmung, Wertschätzung, Intuition und Gespür. Das setzt voraus, dass Gefühlen Raum gegeben wird. Dass es Zeit gibt, um nachzudenken, zu klären, zu fühlen, miteinander zu sprechen, zuzuhören. Dafür können Settings geschaffen werden, die letztendlich und langfristig Krankenstände reduzieren, die Arbeitszufriedenheit drastisch erhöhen und die Produktivität steigern.

In der Praxis werden weiterhin Kompromisse zu schließen sein, weil Menschen an unterschiedlichen Dingen Freude haben, es selten das Optimum gibt und die Welt so ist, wie sie ist, und sich nicht über Nacht verändern lässt.

Ich plädiere dafür, dass in allem *wirklich wirklich* Wichtigem genug Freude enthalten sein sollte – genug von dem, was Menschen wesentlich ist, und dass die getroffenen Entscheidungen im Ergebnis in ausreichendem Maße stimmig sind. Der Spur der Freude zu folgen bedeutet nicht, dass einmal getroffene Entscheidungen für immer Bestand haben. Die Welt verändert sich, und wir uns mit ihr. Es bedeutet, dieser Frage Priorität einzuräumen. Der Freude eine Chance zu geben, ist jederzeit und sofort möglich.

Die nützliche Leitfrage lautet: ist ausreichend Freude dabei?

Erst beantworten wir das, was Freude macht, und dann wenden wir uns den Herausforderungen zu. Freude zu benennen will geübt werden. Es braucht Kreativität, um Lösungen zu finden, wie sich Entscheidungen, die auf dieser Basis getroffen werden, im Alltag umsetzen lassen.

In allen diesen Überlegungen kann und darf viel Freude dabei sein.

Zum Weiterlesen
Bergmann, Frithjof (2004): Neue Arbeit, Neue Kultur, Freiamt
Dittmar, Vivian (2014): Gefühle & Emotionen. Eine Gebrauchsanweisung, München
Dittmar, Vivian (2017): Gefühle @work. Wie emotionale Kompetenz Unternehmen transformieren kann, München
Frederickson, Barbara (2011): Die Macht der guten Gefühle. Wie eine positive Haltung ihr Leben dauerhaft verändern kann, Frankfurt am Main

Eine spielerische Reise zu dir selbst

Lass dich von mir, Sophia, mit auf eine Reise nehmen, in der es nur um dich geht. An deren Ende du einen neuen und vor allem freudigen Blick auf dich und dein Leben erhältst. Was dir hilft, dein Leben neu zu bewerten und auszurichten. Was dich in dir sicher sein lässt und dir gleichzeitig ein nachhaltiges Handwerkszeug schenkt, das du für vielfältige Entscheidungen nutzen kannst.

Vielleicht fragst du dich schon länger, was das ist, was du eigentlich *wirklich wirklich willst*. Aufmerksam suchst du nach Antworten, die dein Herz und deinen Verstand überzeugen.

Ich lade dich auf eine Reise zu dir selbst ein. Als langjährige Reisebegleiterin bin ich erfahren darin, Menschen zu helfen, sich mit sich selbst zu verbinden, mit dem, was ihnen guttut, sie stärkt und mit Freude erfüllt.

Auf dieser Reise wirst du viel Positives über dich entdecken, ohne dass damit ein weiterer Anspruch verbunden sein wird. Du darfst ohne jede Bewertung einmal auf dich und dein Leben schauen und dich den Aspekten zuwenden, die viele Menschen vernachlässigen.

Ich lade dich zum Spielen ein.

Spielen ist eine wunderbare Möglichkeit, in und auf die Welt zu schauen. Du trittst einen kleinen, aber wesentlichen Schritt zurück, um einen neuen und anderen Blick auf dein eigenes Leben zu bekommen.

Verwundert denke ich, wie kann ein Spiel mir helfen, Antworten auf meine Fragen zu bekommen?

Neugierig wie ein Kind schaue ich mir das Spiel an, das vor mir auf einem Tisch ausgebreitet liegt. Ich entdecke ein Spielfeld und dazu passende, aber verschiedene Spielkartenstapel und eine Spielanleitung. Eine grüne Figur schaut mir vom Spielfeld aus liebevoll entgegen. Ihr rotes Herz wirkt voller Wärme und Liebe auf mich.

Sophia sagt, dass es in diesem Spiel einmal nur um mich gehe.

Sie stellt mir die drei Spielrunden vor.

Die erste Runde sei einfach zu spielen. Sie umfasse vier Bereiche, weil das Spiel sich an meiner Lebensbiografie orientiere: Kindheit, Jugend und Erwachsenenalter, unterteilt in den beruflichen und privaten Bereich. Für diese erste Runde stehen sechzig Lebensraumkarten bereit, die allgemein Tätigkeiten beschreiben, die Menschen im Laufe ihres Lebens gerne tun. Da finde ich Begriffe wie Gesundheit, Forschen, Technik, Sport, Natur u.v.m. Aus diesen Karten kann ich so viele auswählen, wie ich will. Das einzige Kriterium sei, dass der Inhalt für mich positiv besetzt ist. Diese ausgewählten Karten lege ich in der ersten Spielrunde da an, wo sie zum ersten Mal positiv in meinem eigenen Leben aufgetaucht sind.

Kritisch frage ich, was mit den Dingen sei, die positive und negative Aspekte beinhalten. Da brauche ich nur an die Mathematik denken, wo vieles schrecklich für mich war, aber eben auch nicht alles. Erleichtert höre ich die Antwort, dass nur mit den Aspekten weitergearbeitet werde, die für mich mit Freude besetzt sind.

Sophia erklärt mir, dass es in Runde zwei jetzt darum geht, präzise und auf den Punkt gebracht zu benennen, was mir an den einzelnen Aspekten aus der ersten Runde Freude gemacht hat oder noch tut.

Freude, denke ich? Noch nie durfte ich aus diesem Blickwinkel auf mein Leben schauen. Ich bin so an ständige Herausforderungen, an Drama und das Beheben von Schwierigkeiten gewöhnt, dass bisher nie die richtige Zeit zu sein schien, mir einmal so zu begegnen. Etwas in mir will das unbedingt ändern. Gleichzeitig bin ich aufgeregt, weil unvermittelt die Fragen auftauchen: Was mache ich mit diesem Wissen? Was macht es mit mir?

Doch das Spiel hat noch eine weitere Spielrunde. Sophia erklärt, dass in dieser dritten Runde jede von mir genannte Tätigkeit, jede meiner Interessen mit einer Art Forschungsfrage angeschaut werde: »Was war oder ist daran so toll?«

Mit dieser Frage würde ich herausfinden, was meine positiven Motivationen seien für all das, was ich in der zweiten Spielrunde notiert hätte. Es gehe darum, den Grund zu finden und in Worte zu fassen, warum mir das, was ich schon mal gerne getan habe oder heute noch gerne tue. Dass nur ich das ganz genau wissen könne. Dass die Gründe zu den positiv besetzten Tätigkeiten unbewusst seien. Mithilfe der Fragestellung und durch die Begleitung eines Coaches durch das Spiel gelinge es, diese in Worte zu fassen und präzise auf den Punkt zu bringen. Es sei wichtig für mich, dass ich diese Wesenskerne in meine eigenen und dafür stimmigen Worte kleide.

Wozu soll das gut sein, frage ich verwundert. Sophia sagt, weil es mich mit mir selbst, mit dem, was mein Eigenes ist, tief verbindet. Weil es mir Worte schenkt, die ich bisher noch nicht in der Lage war zu formulieren. Weil es mir ermöglicht, mich jederzeit mit mir und meinem Tun zu verbinden, insbesondere dann, wenn es mir nicht gut gehe und ich den Kontakt zu mir verloren hätte.

Ich bin fasziniert, die Worte von Sophia berühren mich tief. Einmal mich nur mir selbst zuwenden, einmal nur aus der Sicht von Freude auf mein eigenes Leben blicken. Ich habe das Gefühl, es öffnen sich neue Welten in mir.

Nach einer Weile versonnenen Schweigens taucht eine weitere Frage in mir auf. Ist das schon alles oder lässt sich mit dem Spiel noch mehr anfangen?

Sophia erklärt mir: Die Ergebnisse und Erkenntnisse des Spieles kann ich nutzen für berufliche und private Entscheidungen. Bisher habe es in dem Spiel keinerlei Bewertungen gegeben. Aber die Spieler:innen würden beim Spielen merken, dass es Tätigkeiten, Interessen oder Wesenskerne gäbe, die mit mehr Freude verbunden seien als andere.

In einem weiteren Schritt kann der zentrale Wesenskern bestimmt werden.

Zentraler Wesenskern?, frage ich.

Mit dem zentralen Wesenskern beschreibst du, was dein wesentlicher Antrieb im Leben ist. Denn die Ergebnisse des Spieles lassen sich nach der Freude priorisieren. Anschließend kann mit Hilfe einer strukturierten und gleichzeitig intuitiven Vorgehensweise ein Satz gefunden werden, der diesen zentralen Antrieb auf den Punkt bringt. Sophias Augen leuchten, als sie mir davon erzählt.

Weiter helfen dir die Ergebnisse des Spiels vor wichtigen Entscheidungen, fährt Sophia fort. Mit ihnen kannst du schauen, ob in einer Entscheidung genug von dem enthalten ist, was dir wichtig ist und dich mit Freude erfüllt. Du kannst eine persönliche Priorisierung der Erkenntnisse aus dem Spiel vornehmen und fühlen, ob diese stimmig ist. Entscheidend dafür ist, welche Fragestellung dem Ganzen zugrunde liegt. Wenn du diese Frage präzise formulierst, kannst du schauen, was von den Erkenntnissen des Spieles hier für dich passt und stimmig ist. Erst nach diesem Schritt werden alle weiteren Aspekte einer Entscheidung mit einbezogen.

Sophia verabschiedet sich von mir. Ich tauche aus einer Welt auf, die mich fasziniert und tief berührt.

Wie alles begann: Die Geschichte des Wesenskernansatzes

Wie gelingt es Hartz-IV-Empfänger:innen ihre Fähigkeiten und Stärken so zu vermitteln, dass sie dieses Wissen stärkt, ermutigt und ihre Chancen auf dem Arbeitsmarkt verbessert? Diese Frage bewegte mich Anfang 2007 als Berufsanfängerin und zu Beginn meiner Selbstständigkeit.

Zuvor hatte ich mein weiterbildendes Studium zur Referentin für Frauenfragen (Bildung, Kultur und Politik) beendet und anschließend Erziehungswissenschaften studiert. Ich erhielt die Chance, bei einem kommunalen Träger im Ruhrgebiet tätig zu werden, in der Qualifizierung von Hartz-IV-Empfänger:innen. Zu dieser Zeit hofften alle Beteiligten, dass die Weiterbildungen im Rahmen der Hartz-IV-Reformen etwas Grundlegendes für diese Zielgruppe verändern würden.

Zunächst startete ich mit einem fünftägigen Bewerbungstraining, in das mich eine qualifizierte und hochkompetente Kollegin einarbeitete, von der ich viel lernen durfte. Nach und nach baute ich das bestehende Konzept aus und entwickelte Unterrichtsinhalte so weiter, dass Bildungsungewohnte (meine Wortschöpfung) sie effektiv für sich nutzen konnten. Mir war es wichtig, ihnen zu dem notwendigen Wissen, welches der Arbeitsmarkt an Erfordernissen mit sich bringt, auch zu vermitteln, wie man an dieses Wissen herankommt. Dazu gehörte für mich das Thema Fähigkeiten und Stärken, das in der Regel in Bewerbungstrainings mit Hartz-IV-Empfänger:innen wenig berücksichtigt wurde, weil ihre Fähigkeiten per se eher als gering eingestuft wurden.

Mutig wagte ich mich daran, unter diesem Leitgedanken Jobsuchenden mehr Selbstbewusstsein zu vermitteln. Naive Einstellung?

Zu dieser Zeit gab es nur wenige interessante Instrumente, die für meine Zwecke geeignet schienen. Auf dem Markt fanden sich der Talentkompass und der Profilpass, die sich dieser Thematik annahmen und mich inspirierten. In ihnen ging es darum, Menschen bei der beruflichen Orientierung und Entwicklung zu unterstützen, indem ihr jeweiliges Können und ihre Interessen erfasst werden, um sie als Grundlage für die Suche nach einer passenden Tätigkeit zu nutzen. Allerdings fehlte mir etwas daran, ohne, dass ich es näher benennen konnte.

Im Frühjahr 2007 entdeckte ich zwei grundlegende Bücher für meine weitere Entwicklung. Das erste, mittlerweile ein Klassiker, von Richard Bolles »Durchstarten zum Traumjob« und als zweites »Wishcraft« von Barbara Sher. Beide Bücher enthalten umfangreiche handwerkliche Tools für die Jobwahl und die Jobsuche; sie beschreiben eine ganzheitliche Herangehensweise, die für das, was mich interessierte, relevant war.

Richard Bolles stellt mit seinem Buch und dem dazugehörigen Workbook umfangreiches Wissen und Arbeitsmaterialien zur Verfügung, die Menschen befähigen sollen, wesentlich klarer und gezielter einen für sie passenden Traumjob zu finden.

Barbara Sher postuliert in ihrem Bestseller »Wishcraft«, dass Folgendes elementar sei: »Finde heraus, was du von ganzem Herzen liebst, dann wirst du darin deine Talente finden«. Ihre pragmatischen Tipps und Methoden öffneten mir den Blick auf eine Jobsuche, die den Menschen in den Mittelpunkt stellt. Beide Bücher ermöglichten mir einen Perspektivwechsel. Ich spürte sofort, dass da Wertvolles zu finden ist. Sher formuliert, was ich hier zum ersten Mal las: Finde heraus, was du wirklich willst, was du so richtig von Herzen gerne tust. Dieser Gedanke blieb hängen.

Bei aller Euphorie über die entdeckten Bücher fiel mir etwas schnell auf: Viele Menschen, die Arbeit suchen, können sich derartige Selbsthilfebücher nicht leisten oder sind inhaltlich überfordert. So entwickelte ich eine Idee, um das Thema Fähigkeiten und Stärken in meinem Unterricht meiner Zielgruppe näherzubringen, inspiriert von diesen Büchern und dem Talent- und Profilkompass. In der Praxis merkte ich schnell, dass ich unterschätzt hatte, wie tief das in uns Menschen eingegrabene Bedürfnis ist, sich zu vergleichen. Wer aber am Rande der Gesellschaft steht, weiß besser als andere, wie das Ergebnis aussieht. Mit anderen Worten, ich traf auf Widerstand bei den Teilnehmer:innen.

Doch da war etwas, dass mich an dem Thema dranbleiben ließ, ich bekam es nur nicht zu fassen. Eine wesentliche Sache hatte ich allerdings begriffen: Die wunderbaren Ansätze auf dem Weiterbildungsmarkt sind in vielen Fällen nicht für die Zielgruppe der Bildungsungewohnten geeignet.

Wie aber konnte ich Bildungsungewohnte im Rahmen meiner Möglichkeiten unterstützen, einen anderen Blick auf sich und ihre Fähigkeiten zu bekommen?

Diese Frage nahm ich mit zum Kirchentag im Juni des gleichen Jahres, auf dem ich Frithjof Bergmann kennenlernte.

Der erste Eindruck, den ich von Bergmann bekam, war irritierend, als er an das Rednerpult trat, um seinen Vortrag zu halten. Sein Aussehen entsprach nicht den üblichen Standards von Vortragsredner:innen. Der Beginn seiner Rede wich von dem Erwarteten ab. Allerdings zogen seine Ausführungen meinem Mann und mich schon nach kurzer Zeit in seinen Bann. Er sprach über seinen hochinteressanten Ansatz, der das bestehende Arbeits- und Wirtschaftssystem radikal infrage stellte, und stellte uns spannende Alternativen vor. Die größte Überzeugungskraft erzeugten allerdings seine weltweit gesammelten 25-jährigen Praxiserfahrungen. Hier sprach kein Theoretiker, sondern jemand, der sich zu den Menschen begeben hatte und lebte, was er uns vorstellte. Das gebannt lauschende Publikum erfuhr von seiner Vision einer Arbeitswelt, die alle Menschen einschloss, auch die, die das Arbeitssystem außen vorließ. Er sprach von Arbeit, die Menschen *wirklich wirklich wollen* und deren Bedeutung. Von Technologien, die den Menschen unabhängig vom Arbeitsmarkt machen würden, dass das alte, uns so vertraut erscheinende Arbeitssystem seinem Ende entgegenginge und welche Alternativen ihm vorschwebten.

Am meisten faszinierte mich an Bergmann, für wie essenziell er es hielt, dass alle Menschen für sich klären sollten, was sie *wirklich wirklich wollen.* Wow! Ich verließ die Veranstaltung tief beeindruckt. Matthias und ich lasen nacheinander sein bis dahin einziges Buch »Neue Arbeit-Neue Kultur«, in dem er seine Theorie und seine Praxiserfahrungen ausführlich vorstellte.

Diese Frage nach dem, was Menschen *wirklich wirklich wollen,* fixte mich so an, dass sie mich fortan nicht losließ: Wie geht das? Wie findet man heraus, was man *wirklich wirklich will?* Das wurden meine Leitfragen, auf die ich Antworten finden wollte.

In der Folgezeit forschte ich lange und intensiv zu dieser Thematik, immer in einem Mix von, was heißt es für mich und was heißt es für andere Menschen.

Ich lernte Menschen kennen, die ebenfalls von Bergmann inspiriert waren und sich austauschten, experimentierten und Bildungszentren der Neuen Arbeit gründeten oder gegründet hatten. Ich schloss mich einer kleinen Gruppe an, die sich jährlich in einer Offenen Mentor:innen Akademie der Neuen

Arbeit für mehrere Tage trafen, um gemeinsam zu forschen, was diese Neue Arbeit und insbesondere Neue Kultur bedeuteten und wie sie sich im jeweiligen Leben umsetzen ließen.

Zu ihnen gehörte auch Thomas Diener, ein Schweizer Coach und Laufbahnberater. Von ihm lernte ich die biografische Herangehensweise im Wesenskernspiel, das Fragen nach Tätigkeiten und Interessen, die Menschen lieben, und das Herausarbeiten dessen, was darin der Kern der Motivation ist.

Die Suche nach dem, was ich will und wie das für meine Zielgruppe als Coach aussehen kann, zog sich über einen Zeitraum von ungefähr drei Jahren. Ich sammelte Ideen wie ein Eichhörnchen und erlebte Phasen voller Frust, weil ich das nicht zu fassen bekam, was ich spürte.

Im August 2010 setzte ich mich, einem spontanen Entschluss folgend, an meinen Schreibtisch und trug alle Ideen und Notizen zusammen. Es folgte dieser magische Moment, den niemand erklären kann: Alle Puzzleteile fielen auf ihren Platz, und die Idee zum späteren Wesenskernspiel war geboren. In den folgenden Wochen lebte ich in einem Dauerflow und entwickelte nach und nach die Umsetzung zu dem Spiel, wie es bis heute vorliegt. Matthias war in dieser Zeit ein wunderbarer Begleiter. Mit ihm konnte ich alles durchsprechen und bekam wertvolles Feedback.

Im November stand die Idee zum Wesenskernspiel, und ich fing an, den Prototyp zu erschaffen. Ich fand eine Grafikdesignerin aus meinem damaligen Netzwerk, die mir die wunderbare grüne Figur zeichnete. Im Februar 2011 setzte ich das Wesenskernspiel zum ersten Mal bei zwei Kund:innen ein, nachdem ich das Spiel zuvor mit mehreren Freiwilligen getestet hatte. Ich freute mich sehr über ihr positives Feedback.

Mit den Jahren entwickelte ich das Wesenskernspiel weiter zu dem heutigen Wesenskernansatz. Dieser begleitet Menschen umfassend, um für sich zu klären, was das *wirklich wirklich Wollen* für sie konkret heißt und wie sie es in ihrer je individuellen Lebenssituation umsetzen können. Speziell die erste Spielrunde ist so konzipiert, dass sie Menschen mit den unterschiedlichsten Bildungshintergründen einfach und leicht abholt.

Meine Sicht auf das Thema Fähigkeiten und Stärken hat sich verändert. Heute bin ich überzeugt, dass Menschen viel bessere Chancen haben, eine passende Tätigkeit zu finden, wenn sie wissen, was sie mit Freude tun und wirklich interessiert. So finden sie die Motivation zu üben und zu trainieren, um ihre Fähigkeiten auszubauen. Das gilt auch für Bildungsungewohnte, denen es mehr als anderen guttut, diesen Blick auf sich selbst zu gewinnen. Basierend auf den Erkenntnissen des Spiels lassen sich daran anschließend zum Beispiel Fähigkeiten und Stärken ableiten, die klar und überzeugend vermittelt werden können. Aus dem Wissen um die mit Freude besetzten Motivationen finden Menschen Kraft und Energie, um ihren eigenen Weg in der Welt zu finden. Je nach Unterstützungsbedarf haben die Spieler:innen unabhängig von den Realitäten und Unwägbarkeiten des Arbeitsmarktes etwas, womit sie sich jederzeit stärken und mit sich selbst verbinden können und dessen Ergebnisse sich flexibel einsetzen lassen.

Zum Weiterlesen:
Bergmann, Frithjof (2014): Neue Arbeit, neue Kultur, Freiamt
Bolles, Richard Nelson (2002): Durchstarten zum Traumjob. Das Handbuch für Ein-, Um- und Aufsteiger, Frankfurt/New York
Sher, Barbara (2006): Wishcraft. Lebensträume und Berufsziele entdecken und verwirklichen, Osnabrück

Utopie finden, Vision entwickeln, Mission leben

Ich träume von der »Einen-Welt«. In ihr sind alle Menschen gleichberechtigt und in der Lage, ihre Gefühle, Wünsche, Träume und Bedürfnisse zu benennen. Sie stehen morgens in der Gewissheit auf, dass der Tag zwar herausfordernd sein kann, sie damit aber nicht alleine sind. In allem Tun für sich selbst und für die Gesellschaft (nennen wir dieses zum Beispiel Arbeit) greifen sie auf ihr Können und Wissen zurück, das sie mit Freude erfüllt. Sie wissen, was sie *wirklich wirklich wollen* und folgen der Spur der Freude in ihrem Leben.

Sie leisten ihren individuellen und speziellen Beitrag, egal wie groß oder klein er sein mag, um sich und anderen Gutes zu tun.

Materielle Güter verlieren an Bedeutung, das Miteinander verläuft konfliktfreier. Die Bereitschaft, das Gegenüber bestmöglich zu verstehen, nimmt zu. Fehler und Differenzen werden als Chance für Lernerfahrungen wahrgenommen, Konflikte als Wachstumschancen begriffen. Es etablieren sich Methoden, die Konsent ermöglichen.

Mit der Zeit entwickeln sich effektive und dezentrale Strukturen, die die Menschen sehen lassen, was sie bewirken: Das bezieht sich auf Wohn- und Arbeitsformen, die Gestaltung von Städten und von Infrastrukturen. Unternehmen kooperieren und ergänzen sich in ihren Wirtschaftsleistungen. Die Wirtschaft dient der Gesellschaft und dem Erhalt eines gesunden Lebensraumes. Klimaneutralität und ökologisches Arbeiten sind selbstverständlich, und Menschen gehen guten Gewissens ihrer Arbeit nach. Mitarbeitende werden individuell gefördert, ihre Meinung wird gehört, sie können mitgestalten, und es haben sich kooperative Unternehmensformen entwickelt. Selbstständige Tätigkeiten werden geschätzt und gefördert.

Das für alle attraktive Ziel ist das gute Leben aller Menschen, in dem Menschen verantwortungsvoll mit den Ressourcen dieser Welt umgehen und die Schöpfung nicht nur bewahren, sondern sich an ihr erfreuen. Gutes Leben bedeutet, dass Menschen unter diesen Aspekten selbstbestimmt ihr Eigenes gestalten können, um zu tun, was sie *wirklich wirklich wollen*. In Fürsorge für sich selbst und für unsere eine gemeinsame Welt.

Eine Utopie ist eine Utopie.

Utopien sind für eine Gesellschaft wichtig. Sie beschreiben eine fiktive Gesellschaftsordnung mit bestimmten wünschenswerten Elementen. Sie sind unrealistisch, doch die ihnen innewohnende Kraft hilft zu benennen, in welche Richtung sich Einzelne oder eine Gesellschaft entwickeln können. So justieren sie das individuelle Handeln und geben die Richtung vor für zu treffende Entscheidungen.

Meine Vision auf den Punkt gebracht
Meine Utopie drückt aus, welche Welt ich für erstrebenswert halte. Ist das Wesen der Utopie alles überstrahlend und eher unspezifisch, wird eine Vision, so wie ich sie verstehe, konkreter. Sie beschreibt etwas, was noch nicht real ist und in der Zukunft liegt. Sie bringt auf den Punkt, wohin ein Mensch will und ist so reizvoll, dass er/sie sich auf den Weg macht, um sie zu verwirklichen. Eine Vision formuliert, was ein Mensch *wirklich wirklich will*.

Ich träume davon, dass viele Menschen spielerisch leicht und gleichzeitig tief mit sich verbunden, mit Freude ihr *wirklich wirklich Wollen* in die Welt bringen.

Ich will den Arbeitsmarkt an einer entscheidenden Stelle grundlegend verändern, mithilfe des Wesenskernspiels, Bildungsungewohnte eingeschlossen. Mein Traum ist, dass vor allen elementaren und wesentlichen Entscheidungen, ob privat, beruflich oder unternehmerisch, Menschen das Wesenskernspiel gespielt haben und wissen, was sie mit Freude erfüllt, wirklich interessiert und motiviert. Die Spieler:innen wissen, was sie *wirklich wirklich wollen*, kennen ihren zentralen Wesenskern (ihre intrinsische Motivation auf den Punkt gebracht) und ihre Vision. Diese Erkenntnisse helfen ihnen, von einem stabilen inneren Ort aus auf ihre Herausforderungen, Begrenzungen und limitierenden Glaubenssätze zu schauen. Sie tragen ihren Kraftort in sich und können sich jederzeit mit diesem verbinden. Ihnen stehen die passenden und stimmigen Worte zur Verfügung, sie fühlen sich selbst und das, was für sie stimmig ist.

Ich setze mich ein für das gute Leben aller Menschen, damit diese tun können, was sie *wirklich wirklich wollen*.

Dafür brenne ich, das ist mein *wirklich wirklich Wollen*, meine Vision. Diese Vision drückt meinen zentralen Wesenskern aus: Menschen und

Teams mit den Methoden des Wesenskernansatzes miteinander und untereinander zu verbinden. Ich möchte meinen gesellschaftlichen Beitrag leisten, um eine Gesellschaft zu etablieren, an der alle Menschen gleichberechtigt partizipieren und ihr Eigenes leben können.

Die Vision leben

Eine Vision hat das Ziel, die oft diffusen Träume, Sehnsüchte und Bedürfnisse auf den Punkt zu bringen. Das, worum es einem Menschen wirklich geht. Weiß jemand jedoch, was von diesen Träumen und Sehnsüchten mit Freude besetzt ist, findet sich dort die Energie für das eigene Tun in der Gegenwart wie für die Zukunft. Das *wirklich wirklich Wollen* ist ein lebenslanger Prozess, da niemand sagen kann: Jetzt weiß ich alles über mich. Eine Vision kann nur in der Gegenwart formuliert werden, mit allem, was einem über sich selbst und die umgebende Welt bekannt ist. Wir sind und werden immer beschränkt sein, das gilt es zu bedenken. Gleichzeitig geht es um ein sich stetiges Weiterentwickeln, eingebunden in eine lebenslange Reise nach dem eigenen *wirklich wirklich Wollen* und zu sich selbst.

Jede Vision wird jedoch ein Traum bleiben, wenn sie nicht in eine Mission verwandelt wird, aus ihr konkrete Ziele abgeleitet werden und wir uns auf den Weg machen. Eine Mission beinhaltet den inneren Antrieb, das Streben nach etwas, einen inneren Auftrag. Sie ist die konkrete Aufgabe, die sich aus der Vision ableiten lässt. Damit aus einer Vision Realität wird, ist entscheidend eine »Vertrautheit mit dem Zukünftigen herzustellen und so die Bereitschaft anzuregen, selbst in dieses Wechselspiel einzutreten, mögliche Veränderungen gedanklich auszuprobieren und schließlich eine experimentelle Grundlage der Zukunftsoffenheit einzunehmen« (Welzer & Rammler 2013, 315).

Ein Coaching kann die Anfänge begleiten und auch punktuell zu späteren Zeitpunkten helfen, ins Tun zu kommen. Sinnvoller für die dauerhafte Umsetzung sind Netzwerke, Communitys und ähnliche Angebote, innerhalb derer sich Menschen gegenseitig auf ihrem Weg unterstützen. Deshalb braucht es Orte, an denen Menschen qualifiziert begleitet werden: kostenfrei oder in Form von individuellen alternativen Tauschleistungen. Solche Orte können auch die Bildungszentren sein, von denen ich sprach und auf die Matthias sich in seinem Essay zur Jobgarantie bezieht.

(Rück)besinnung auf die Freude, das Finden des je Eigenen, das Wissen um die Richtung, wohin jemand will und sich auf diesem Weg gegenseitig unterstützen - das ist es!

Zum Weiterlesen:

Welzer, Harald/Rammler, Stephan (2012): DER FUTUREZWEI Zukunftsalmanach 2013. Geschichten vom guten Umgang mit der Welt, Frankfurt am Main

»Ich habe es geschafft« –
Die Kraft des *wirklich wirklich Wollens*

Seitdem ich Frithjof Bergmanns Frage nach der Bedeutung des *wirklich wirklich Wollens* entdeckte, erzähle ich, dass sie für mich von Beginn an mehrere Aspekte beinhaltete, die in meinem Leben parallel liefen: Wie geht das mit dem *wirklich wirklich Wollen*? Was heißt es für mich, und wie kann ich Menschen helfen, diese Frage für sich zu beantworten?

In diesem Essay beschreibe ich meine persönliche Reise zu dem, was ich *wirklich wirklich will*. Sie führte mich zu der Erkenntnis, dass es zwei *wirklich wirklich Wollen* in mir gab beziehungsweise gibt. Beide hängen eng zusammen, das eine bedingt das andere, denn der Wesenskernansatz ist untrennbar mit meinem persönlichen Weg verbunden. Mein persönliches *wirklich wirklich Wollen* aber hatte Priorität, wie ich heute weiß.

Bergmanns Aufforderung erzielte für mich eine solch nachhaltige Wirkung, weil sie mich in der Bewältigung und Aufarbeitung meiner Traumageschichte an einem Punkt traf, an der mir jemand, eben Bergmann, diese Frage zum ersten Mal stellte.

Ich erlitt in meinem familiären Umfeld als Kind und Jugendliche sexualisierte Gewalt, die so traumatisierend war, dass ich sie komplett ausblendete.

Zu wesentlichen Teilen meines Selbst hatte ich keinen Zugang, weil es Teil meiner Überlebensstrategie war zu funktionieren.

Zeitlebens folgte ich einem inneren Antrieb, der mir erst in meinen 40er-Jahren bewusst wurde und sich so formulierte: »Ich will es schaffen«. Dieser Satz war eines Tages einfach da, der Zusammenhang zu meinen traumatischen Erlebnissen lag auf der Hand.

In meinen 30er-Jahren fing ich an, meine Traumageschichte aufzuarbeiten, mit ihren unzähligen Facetten und Herausforderungen. In den Folgejahren gab es viele Momente, in denen ich sicher zu wissen glaubte: jetzt habe ich es geschafft. Doch jedes Mal ging die Reise weiter, sie war nicht zu Ende.

Lange gab es für mich keinen Grund, diesen Satz infrage zu stellen, bis es eine Therapeutin im Rahmen einer Therapie tat. Mit unmissverständlichen Worten erklärte sie mir, es sei nicht möglich, dieses Ziel zu erreichen. Vermutlich hatte sie eine gute Begründung, an die ich mich aber nicht erinnere. Es ist müßig zurückzublicken und zu fragen, ob das gut von ihr war. Ihre

Aussage schlug jedoch bei mir wie eine Bombe ein und löste großen Schmerz und Traurigkeit aus, denn damals glaubte ich ihr. Nach einiger Zeit stellte ich allerdings fest, dass der Satz wieder in mir auftauchte, und ich fand mich mit seiner Anwesenheit ab. Meine inneren Prozesse, die zunehmende Heilung, schritten voran.

Vor ungefähr drei Jahren kam es zu einer Begegnung zwischen mir, meinem Mann und zwei Bekannten. Mein Mann meinte, es würde sich für mich lohnen, die beiden kennenzulernen.

Als wir uns gegenseitig vorstellten, sprach ich von Frithjof Bergmann, vom *wirklich wirklich Wollen*, erzählte von dem Wesenskernspiel und wofür ich es entwickelt hatte, und ich sprach auch von meinen Zielsetzungen. Ich erzählte leidenschaftlich.

Am Ende meiner Vorstellung beugte sich der eine Bekannte vor, schaute mich direkt an und fragte: »Und, was willst du *wirklich wirklich*?«

Im ersten Reflex dachte ich, was für eine Unverschämtheit, mich das zu fragen, ich habe es ihm doch gerade erzählt. Emotional aber traf mich seine Frage mit voller Wucht. Sie traf mein: »Ich will es schaffen«, bis ins Mark. Meine persönliche Suche nach einer Antwort für mich war tief berührt. Später am Tag flossen viele Tränen, und ich dachte über meine Reaktion nach. Was mache ich mit einem Satz wie diesem, den ich nicht loswerde? Zumal ich seit Jahren wusste, dass man »es« nicht erreichen kann, weil »es« eben kein Ziel ist. Was war zu tun, welche Optionen gab es? Mir kam etwas in den Sinn: Wenn »es« nicht zu schaffen ist, dann könnte ich diese Aufgabe zurückgeben. Sie war zu groß für mich. Das fühlte sich stimmig an, und ich spürte, wie sich etwas in mir löste. Im Anschluss verschwanden einige spezifische, damit im Zusammenhang stehende Widerstände. Ich vermute, dass ein Anteil an »dem Satz« mir über Generationen hinweg von meinen Vorfahr:innen mitgegeben wurde und ich mich von diesem Anteil gelöst hatte.

Wie ging es weiter?

Nach einiger Zeit tauchte der Satz wieder auf, und ich ließ ihn da sein. Wie ein Hund, der einmal beschlossen hat, du bist jetzt mein Frauchen, komme, was wolle.

Infolge meiner stetigen Aufarbeitung meiner Traumaerlebnisse kam ich in den letzten Jahren zunehmend näher an einen Punkt, wo ich spürte: Ich habe es geschafft. Es ging nur noch um Nuancen.

Im Frühsommer 2021 fand ich Gewissheit. Das Bild einer weißen Seerose, das in mir auftauchte und die klar für das Neue stand, verschaffte mir letztendliche Sicherheit.

Was aber habe ich eigentlich geschafft, was ist »es«?

Es ist das »Einssein«, das bei mir angekommen sein. Das Verbundensein mit den Anteilen in mir, die nicht sein durften und an denen bislang zu viel Schmerz haftete. Diese Erfahrung klingt vielleicht nicht spektakulär, für mich ist sie allerdings unendlich kostbar.

Emotional brauchte ich einige Zeit, diese Erkenntnis zu verarbeiten. Inzwischen kann ich aus ganzem Herzen sagen: Ich bin eins! Ich habe es geschafft!

Während ich diese Zeilen schreibe, innehalte und mir bewusst mache, was ich erreicht habe, bin ich jedes Mal aufs Neue berührt. Dieses Ziel erreichen zu dürfen bedeutet mir unendlich viel und ist verbunden mit tiefer Freude.

Viel Energie ist frei geworden für das, was ich bis dahin für mein eigentliches *wirklich wirklich Wollen* gehalten hatte. Was es ist. Auch ist.

Das eine bedingt das andere. Das eine ist die Voraussetzung für das andere. Das Wesenskernspiel ist aus mir, meiner Lebensgeschichte und der Art, wie ich sie aufarbeitete, entstanden.

Ich durfte persönlich erfahren, welche große Kraft das *wirklich wirklich Wollen* beinhaltet. Zunächst unbewusst, später bewusst, war es die (!) Antriebskraft meines Lebens. Sie justierte mein Leben wie einen Magneten. Puzzlestücke für meinen Weg fanden und finden sich überall. Vielleicht passt das Bild eines U-Bootes, dessen Periskop über der Wasseroberfläche Ausschau hält, nach dem, was einen auf dem Weg weiterbringt. Etwas in mir weiß untrüglich, was zu mir und meinem Leben in allen seinen Facetten passt. War ich davor schon überzeugt von der Kraft des *wirklich wirklich Wollen* gewesen, hat mir meine Lebensgeschichte mehr als eindrücklich gezeigt, was alles möglich ist, wenn man nur weiß, was man *wirklich wirklich will.*

Diversität und Vielfalt im Kontext von Hochbegabung als Chancen für die Zukunftsfähigkeit der Gesellschaft

Dieser Beitrag ist ein Plädoyer für den Umgang mit Vielfalt in unserer Gesellschaft. Hochsensitivität und Hochbegabung sind ein Teil davon. Ich schreibe in der Überzeugung, dass hinter aller Theorie und allen Methoden der individuelle Mensch sichtbar werden sollte, weil nur das wirkliche Begegnung ermöglicht, die Veränderungen im Miteinander anstoßen kann. Vor allem geht es mir darum, dass Menschen miteinander ins Gespräch kommen, sich wirklich kennen und verstehen lernen. Immer wieder.

Erst seit kurzer Zeit weiß ich, inzwischen 62-jährig, von meiner hochsensitiven Hochbegabung.

Mich treiben viele Fragen um, die auch andere hochbegabte Menschen gut kennen: Wie gehe ich mit meinem So-Sein, meiner Andersartigkeit, meinen vielfältigen Interessen um? Wo und wie finde ich meinen Platz in diesem Leben, in dieser Arbeitswelt? Als Hochbegabte in dieser Welt zu leben, bedeutet, sich auseinanderzusetzen mit Tabus, Unverständnis, Unkenntnis und Vorurteilen. Diese begegnen mir keineswegs nur in der Gesellschaft, sondern tief verinnerlicht finde ich sie auch in mir.

In meiner Familie und näheren Verwandtschaft ist das Thema Hochbegabung seitens unserer Kinder seit ungefähr zwanzig Jahren existent. Es schien mir immer vollkommen klar, dass ich nicht die Quelle der Hochbegabung sein kann. Zum einen, da ich in Folge der erlebten Gewalterfahrungen ein außerordentlich negatives Selbstbild hatte. Zum anderen, weil sich dafür keinerlei Anzeichen erkennen ließen und ich von niemanden in diese Richtung angesprochen wurde.

Erst Ende 2018, fast 59-jährig, ließ ich mich testen. Zuvor hatte ich mich ungefähr drei Jahre lang nach und nach an eine mögliche eigene Hochbegabung herangetastet. Meinen Zugang fand ich 2012 bei einem Vortrag einer Koreferentin während einer Veranstaltung zum Thema »Markt und Hochsensibilität«. Die Referentin zählte die positiven Anzeichen der Hochsensibilität auf, die zu selten benannt würden. Bis zu diesem Zeitpunkt betrachtete ich solche Aufzählungen von Persönlichkeitsmerkmalen mit viel Skepsis, da sie bisher selten auf mich zutrafen. In diesem Vortrag war es anders.

Von ungefähr zehn Merkmalen passten alle, ich war schwer irritiert. Im Anschluss des Vortrages bekam ich die Gelegenheit, mich mit der Referentin auszutauschen. Das tat gut, um mit meinen aufgewühlten Emotionen zurechtzukommen.

Anschließend las ich mich ausführlich in die Thematik ein, wobei es zu dieser Zeit noch nicht so viele Bücher dazu gab wie heute. Mein »Anderssein« erfuhr zum ersten Mal in meinem Leben eine positive Erweiterung meines Selbstbildes. Mich näher mit dem Phänomen von Hochbegabung zu beschäftigen war naheliegend, läuft sie einem fast zwangsläufig in der Literatur zur Hochsensibilität über den Weg und ich sie spannend fand. Nach und nach veränderte sich mein Blick auf unsere Familiengeschichte. Ich tastete mich langsam an den Gedanken heran, vielleicht selbst hochbegabt zu sein. Tasten deshalb, weil mir der Gedanke zunächst völlig absurd erschien. Ich fürchtete, größenwahnsinnig zu sein und dass mein damals noch tiefes Bedürfnis nach »etwas zu sein« die eigentliche Motivation wäre. Doch das Thema ließ mich nicht los, ich entschied mich, es zu klären. Im Herbst 2015 sprach ich zunächst laut und für mich allein den Satz aus »Ich bin hochbegabt« und spürte, dass er stimmig ist.

Ich erzählte es in meinem Umfeld einigen Menschen und erlebte des Öfteren irritiertes Schweigen. Diese Reaktion war mir vertraut, war sie mir in der Vergangenheit doch schon häufig begegnet, wenn ich von meinen Erfahrungen und Nöten in der Bewältigung meiner Lebensgeschichte gesprochen hatte.

Nach und nach kam der Punkt, an dem ich so sicher war, wie man ungetestet sein kann, dass ich hochbegabt bin und schrieb es mutig auf meine damalige Website. Auf Facebook fand ich im Frühjahr 2018 eine Gruppe der späteren Gründerin von UnIQate Nicole Gerecht, in der sich hochbegabte Frauen oder diejenigen, die noch am Suchen waren, offen austauschen konnten. Wow, welche Dynamik fand ich dort, verbunden mit tiefen Einblicken in persönliche Erfahrungen und Fragestellungen. Ich tauchte zum ersten Mal in meinem Leben in eine Community ein, in der ich in meinem Tempo die Dinge auf den Punkt bringen konnte (also schnell!) und Smalltalk überflüssig war (wie großartig, denn ich mag ihn nicht, obwohl ich ihn inzwischen beherrsche). Ich fand eine breite Palette höchst unterschiedlicher Lebensgeschichten und Begabungsformen – wunderbar! Aber ich las auch von viel Leid, es gab viele komplexe Konstellationen, viele Verletzungen, viel Unverständnis, all das erlebten diese Frauen auch.

Im Sommer 2018 entschied ich mich, für UnIQate ehrenamtlich mit einer weiteren Frau einen Stammtisch in Hannover anzubieten, der spät erkannten hochbegabten Frauen einen geschützten Raum zum Austausch bot. Frauen, die sich frisch getestet mit ihrer Hochbegabung auseinandersetzen wollten oder vermuteten, dass bei ihnen eine Hochbegabung vorliegen könnte. Coronabedingt findet dieser Stammtisch inzwischen online statt und wird gerne und intensiv genutzt.

Im Frühjahr 2020 startete die Plattform von UnIQate, die Facebookgruppe wurde geschlossen. Um Mitglied zu werden und mich weiter mit hochbegabten Frauen austauschen zu können, war ein Hochbegabungstest notwendig. Dieser profane Grund war der Auslöser, mich testen zu lassen. Anfang Dezember 2018 wurde mir meine Hochbegabung offiziell bestätigt. Obwohl ich zuvor schon sicher war, löste das Testergebnis viele Emotionen in mir aus, was mich überraschte. Mein Selbstbild erfuhr ein weiteres Mal eine gravierende Veränderung.

Seit der »Diagnose« befinde ich mich in einer andauernden Auseinandersetzung mit der Frage, was Hochbegabung für mich bedeutet und wie sich bestimmte Erfahrungen in meinem Leben anders interpretieren lassen, wenn ich die Brille wechsle, mit der ich bisher auf mein Leben schaute. Mich beschäftigt: Was geht noch mit meinen 62 Jahren? Was wäre möglich gewesen, wenn ich früher von meiner Hochbegabung erfahren hätte? Hätte ich andere berufliche Wege eingeschlagen? Wäre ich als Kind anders und entsprechend gefördert worden? Welche Folgen hätte das gehabt?

Diese Fragen stressen mich nicht, aber sie begleiten mich. Gelegentlich tauchen traurige Gefühle auf, weil mir bewusst ist, was in meinem Leben alles nicht möglich war, auch bedingt durch die Traumaerfahrungen und die damit verbundene Aufarbeitung, die viel Zeit, Geld, Kraft und Energie kosteten.

Im regelmäßigen Austausch mit hochbegabten Frauen lerne ich viel über die vielen Facetten von Hochbegabung und über mich. Besonders hilfreich sind dabei der erwähnte Stammtisch, aber auch ein »Inner Circle«, in dem ich mich mit drei weiteren Frauen regelmäßig treffe und wir uns in großer Offenheit unterstützen, unsere PS auf die Straße zu bringen.

Mein Potenzial und meine Fähigkeiten lebe ich in meiner Arbeit als Coachin und Prozessbegleiterin aus. Diese Arbeit ist überwiegend Flow für mich, ich liebe sie!

Darüber hinaus habe ich eine Fülle von Interessen. Lesen: Zeitreisen, Kulturgeschichten, Fantasy, feministische Themen, Persönlichkeitsentwicklung und vieles mehr. Ich bewege mich gerne (Joggen, Walken, Spaziergehen, Wandern), liebe den Austausch über Themen wie New Work, das gute Leben für alle, Nachhaltigkeit, Zukunft der Arbeit, ökologische Fragestellungen. Ich lerne Sketchnoting, entwickle gerne Konzepte und vieles mehr. Häufig ist nicht genügend Zeit für alle meine Interessen. Für mich funktioniert das Bild des Jonglierens am besten. Irgendetwas geht immer, und ich genieße die Wahlfreiheit. Aber es gibt eben auch Frust, weil es so viele Sachen sind, die ich gerne machen würde. Hier hilft mir mein eigener Ansatz weiter: Ich folge der Spur der Freude und schaue, was gerade stimmig ist. Es heißt aber auch zu akzeptieren, dass nicht alles möglich ist.

Dazu kommen Treffen und Austausch mit anderen Hochbegabten, derzeit in Online-Events, die einen wertschätzenden Umgang miteinander pflegen, die, so meine Erkenntnis im Lockdown, durchaus nährend sein können.

Ich brauche viel Zeit für mich. Vor allem, um die vielen Eindrücke und Emotionen zu verarbeiten, die ich aufnehme. Meine eigenen wie die anderer Menschen, die ich »auffange«. Das ist nicht leicht zu akzeptieren, wo es so unendlich viel Spannendes gäbe, was ich jetzt tun könnte. Es ist ein fragiles Austarieren zwischen Über- und Unterforderung.

Hochbegabung bezieht sich in der Regel auf eine intellektuelle Hochbegabung. Diagnostiziert in einem Intelligenztest gilt als hochbegabt, wer eine Punktzahl ab 130 Punkten erreicht. Eine Fülle an unterschiedlichen Ansätzen hinterfragen inzwischen eine ausschließlich auf die Intelligenz abzielende Sichtweise kritisch und erweitern das allgemein gültige Konstrukt um weitere Parameter, wie zum Beispiel der Culture Fair Intelligence Test (CFIT). Ein erster Überblick über den CFIT findet sich im einschlägigen Artikel auf Wikipedia.

Gesamtgesellschaftlich gesehen und somit auch in Unternehmen finden sich dabei eine Fülle an Vorurteilen und Unkenntnis über Hochbegabung bis hin zur Tabuisierung, die Menschen mit diesen angeborenen Persönlichkeitsmerkmalen beeinträchtigen.

Die Ursachen liegen in der deutschen Geschichte und speziell der NS-Zeit, die den Elitegedanken tief in die Gesellschaft und das allgemeine Denken transportierte. Statistisch gesehen sind rund zwei Prozent der Bevölkerung in Deutschland hochbegabt. Das sind etwa 1,6 Millionen Menschen. Im Vergleich dazu gibt es laut Statista über 400.000 Ärzt:innen und mehr als 770.000 Lehrer:innen in Deutschland (Stand 31.08.2020).

Obwohl Hochbegabung somit eigentlich ein Massenphänomen ist, bleibt sie bei vielen unentdeckt. Oft führen erst ein Burnout oder auch Boreout im Erwachsenenalter zur Ursachenforschung und zu dieser Diagnose. Vorausgesetzt, dass behandelnde Ärzt:innen und Therapeut:innen den entsprechenden fachlichen Hintergrund besitzen. Der damit einhergehende Erkenntnisgewinn führt oft zu einer intensiven Auseinandersetzung und Umbewertung des bisherigen Lebens.

Nicole Gerecht, die das Start-up UnIQate.org für hochbegabte Erwachsene gründete, beschreibt die Fähigkeiten Hochbegabter so:

»Hochbegabte Menschen denken schneller und vernetzter. Sie nehmen beispielsweise mehr Informationen auf, verarbeiten sie schneller und in größeren Kontexten, hinterfragen kritischer. Daher eignen sich für Hochbegabte Nischen, die andere vielleicht eher meiden. Die Eine ist unglaublich gut darin, Fehler im System zu erkennen, wohingegen andere holistisch schnell Gegebenheiten überblicken oder aber daraus querdenkend innovative Impulse setzen« (Gerecht 2020).

Ist eine der Kennzeichen von Hochbegabung die schnellere und komplexere Informationsbearbeitung, liegt es nahe, dass davon auch andere Sinnesreize und die Emotionen betroffen sein können. Viele Forschungsergebnisse gehen inzwischen davon aus, dass die Mehrheit der hochbegabten Erwachsenen auch hochsensibel ist. Die Beschäftigung mit einer Hochsensibilität ist für viele Erwachsene der Zugang zur Hochbegabung, wobei eine Hochbegabung nicht zwangsläufig mit ihr einhergeht. Der Umkehrschluss, dass alle Hochsensiblen hochbegabt sind, ist nicht zulässig.

Bezüglich der Hochsensibilität spricht nach neuesten Forschungen Patrice Wyrsch stattdessen inzwischen von Neurosensitivität. Dies ist die grundlegende Fähigkeit, Reize aus der Umgebung wahrzunehmen und zu verarbeiten. Im Anschluss an Michael Pluess geht Patrice Wyrsch davon aus, dass diese Wahrnehmungsfähigkeit unterschiedlich ausgeprägt ist und zwar bei allen Organismen mit einem Nervensystem. Hochsensitivität beziehungsweise erhöhte Neurosensitivität ist somit die erhöhte Fähigkeit, Umgebungsreize wahrzunehmen und zu verarbeiten.

Die Forschungslage zur Hochbegabung ergibt inzwischen ein differenziertes Bild. Einzig verbindendes Element aller Hochbegabten in allen ihren Facetten ist der IQ mit einem Wert ab 130 Punkten. Die Gruppe der Hochbegabten ist divers und die Palette an Befähigungen und Talenten heterogen. In unserer Gesellschaft benötigen wir mehr vorurteilsfreie Informationen und Aufklärung über Hochbegabung und Hochsensibilität.

Die Herausforderungen unserer Zeit sind immens, und zunehmend mehr Menschen suchen und entwickeln in den unterschiedlichsten Kontexten innovative Lösungen. Das gilt für den komplexen und ausdifferenzierten Arbeitsmarkt genauso wie für das umfangreiche Engagement von Freiwilligen für unsere Gesellschaft. Das betrifft besonders alle Fragen rund um den Klimawandel, wobei Menschenwandel der dafür geeignetere Begriff ist. Denn wir Menschen müssen uns und unser Verhalten ändern.

Was brauchen wir also für das gute Leben aller Menschen, und welchen Beitrag können Hochbegabte leisten?

Hochsensible (besser Neurosensitive) und/oder hochbegabte Menschen stellen wertvolle Ressourcen für die Zukunft unserer Gesellschaft dar. Sternberg hat hierzu ein Modell entwickelt: ACCEL – Active Concerned Citizenship and Ethical Leadership, durch das aktive Menschen, die sich um das Gemeinwohl kümmern und auf ethische Weise führen, erkannt und gefördert werden sollen. Wir brauchen verantwortungsvolle Menschen, die die wichtigen Probleme erkennen und etwas dagegen tun wollen – und andere mitziehen (Baudson 2017).

Menschen sind vielfältig und divers: hochsensitiv, bildungsungewohnt, hochbegabt, haben einen Migrationshintergrund, verschiedene sexuelle Orientierungen, und vieles mehr. Wir brauchen alle Menschen für eine gelingende Zukunft unserer komplexen Gesellschaft(en).

Echtes Interesse sowie Freude an Austausch und Begegnung sind die Haltung, die wir alle benötigen, im Umgang mit dem Anderssein, mit unserer menschlichen Vielfalt.

Hilfreiche Aspekte sind:

Einfach neugierig nachfragen: Warum machst du das, was du tust, wie meinst du das? Hilf mir zu verstehen, wie du das meinst, etc. So wie man einen neuen Ort erkundet, der einen interessiert.

Verstehen, dass Hochbegabten (und letztlich geht es allen Menschen so) ihr eigenes Leben oft selbst schwer verständlich ist. Sie kämpfen genauso wie der Rest der Gesellschaft mit tief verinnerlichten Vorstellungen unterschiedlichster Couleur über sich, mit Ansprüchen daran, wer sie sind und wie sie zu sein haben. Wir alle brauchen wohlwollende Beziehungen und wohlwollendes, aber auch klares Feedback.

Lernen mutig zu sagen: Ich kann dir nicht folgen. Wie bist du jetzt zu diesem Ergebnis, dieser Lösung gekommen? Du bist zu schnell für mich, bitte mach langsamer.

Hochbegabte brauchen Unterstützung, um ihre Fähigkeiten zu entdecken und wertzuschätzen, damit sie eine Chance haben, ihr Potenzial für sich selbst abzurufen und in die (Arbeits-) Gesellschaft einzubringen.

Hochbegabte wiederum können ihre Fähigkeiten einsetzen, um sich anderen Menschen verständlich(er) zu machen.

Im Kontext von Potenzialentwicklung, Diversität und der Förderung von Vielfalt sind die Fähigkeiten Hochbegabter, Probleme zu lösen und ihre häufig ungewöhnlichen und kreativen Vorgehensweisen wertvolle Ressourcen. Ihre Fähigkeiten eröffnen Chancen zur Weiterentwicklung, auch von Unternehmen, die in einer zunehmend dynamischeren Arbeitswelt, die schnelle und flexible Lösungen fordert, letztendlich allen Beteiligten zugutekommen.

Dialogfähigkeit, Offenheit für Vielfalt, echtes Interesse an anderen Menschen und deren Erfahrungen sowie Toleranz sind Qualitäten, die wir für eine gelingende Zukunft dringend benötigen. Das trifft für alle Menschen zu. Darin zu investieren ist eine Aufforderung an uns alle, denn wir sind alle verschieden und doch miteinander verbunden.

Literatur:
Baudson, Tanja (2017): Hochbegabt ist, wer der Menschheit nützt. [https://scilogs.spektrum.de/hochbegabung/hochbegabt-ist-wer-der-menschheit-nuetzt/; 31.12.21]

Gerecht, Nicole (2020): Hochbegabung: Chancen und Verantwortung für Unternehmen. [https://persoblogger.de/2020/10/14/hochbegabung-chancen-und-verantwortung-fuer-unternehmen/; 31.12.21]

Wyrsch, Patrice (o. J.): Neurosensitivität. [https://www.patricewyrsch.ch/neurosensitivität/; 31.12.21]

Teil II (Matthias Jung)

Was mich im Wandel antreibt – Kontext und Biografie

In diesen Monaten, in denen Christine und ich viel über den Wandel gesprochen haben, stellte sie mir einmal die Frage, was mich konkret zu Wandel in meinem Leben antreibt. »Bei mir ist es zum einen die Hochsensibilität, die mich in der Wahrnehmung und Auseinandersetzung mit der Innen- und Außenwelt beschäftigt, und zum anderen sind es traumatische Erlebnisse, die ich über lange Zeit intensiv aufarbeiten musste, um den Weg zu meiner eigenen Identität, zu meinem eigenen Ich zu finden. Was macht deinen Kern aus, treibt Veränderung an, ermöglicht Wandel?« Meine spontane Antwort: »Für mich ist es die Wahrnehmung des jeweiligen Kontextes, in dem ich mich gerade bewege, und die Interaktion mit ihm und zum anderen sind es auch bestimmte Erfahrungen aus meiner Biografie, die zentrale Wertehaltungen und grundlegende Einstellungen begründen.« In diesem Essay versuche ich beidem nachzuspüren.

Zunächst zum Kontext, ich reflektiere das an einer meiner liebsten Tätigkeiten, dem Schreiben.

Es macht einen Unterschied, wo ich denke, singe, träume, arbeite. Oder Texte schreibe. Es ist wesentlich, was ich gerade sehe, höre, rieche, wie warm es ist, wie ich geschlafen habe, wenn ich Worte auf Papier bringen möchte. Meine aktuelle Umgebung bestimmt den Inhalt mit, und zugleich bin ich von unbewussten Gewohnheitsmustern mitgeprägt. Es gibt kulturelle mentale Infrastrukturen, wo »man« zum Beispiel ein Gerichtsurteil oder eine Predigt schreibt. Daher ist es sinnvoll, mir meinen je aktuellen Kontext bewusst zu machen und zu wissen, warum ich jetzt hier und heute schreiben will, schreiben kann, schreiben muss.

Ich schreibe diese Zeilen Anfang August 2021 in Katerini, sechzig Kilometer westlich von Thessaloniki. Ich sitze in einem Raum der Bürgerinitiative O topos mou. Es sind schon wieder, den dritten Tag in Folge, 39 Grad. Im Hintergrund läuft Musik, Lukas Uecker singt: »Lass uns morgen denken und im Heute bleiben, sei doch vernünftig, einmal vernünftig. Wir können uns Lügen schenken oder die Wahrheit zeigen, weglaufen bringt nichts, denn das gelingt nicht.« Das Meer ist nur wenige Kilometer entfernt, das Gebirgsmassiv des Olymps sehe ich, wenn ich nach rechts durch die geöffnete Tür des klimatisierten Arbeitsraums schaue. Deutschland ist gerade weit weg, auch wenn ich jeden Morgen mit Christine über Facetime spreche. Sie sitzt dann im kühlen Hannover mit Decke vor dem Laptop, sehr verwirrend. Heute früh vor Sonnenaufgang bin ich sieben Kilometer gelaufen, später am Tag wäre das unmöglich. Ich trinke hier von morgens bis abends Wasser, für mich völlig untypisch, ich trinke sonst eher am Nachmittag oder Abend. In der Stadt, im Hotel, beim Einkaufen spreche ich Englisch und fange an, meine Texte im Kopf auf Englisch denken zu wollen und stolpere, weil ich viele Worte nicht finde. Der Cafe frappé aus dem Café um die Ecke schmeckt unvergleichlich besser als in Deutschland. Die Waldbrände am Rand von Athen und auf Euböa sind gefühlt um die Ecke. Unterschwellig ist sie da, die Angst, die Furcht, die Sorge. Leise, nicht bedrängend. Was wäre, wenn hier doch der Strom ausfällt und damit die Klimaanlage? Was wäre, wenn die Hänge des Olymps plötzlich in Flammen stehen und wir die Feuersbrunst am schwarzen Nachthimmel sehen?

Ich beobachte in diesen Tagen in Griechenland, dass ich anfange, anders über die Klimakrise und Anpassungsstrategien nachzudenken, weil mir an diesem Ort ein Aspekt der Prognosen gerade spürbar und unausweichlich nahe rückt: die Hitze. Zum Glück gibt es eine Klimaanlage im Arbeitsraum, überall an den Häusern sehe ich die charakteristischen Kästen an den Wänden. Die Kühlung kostet viel Strom, und wenn ich mir anfange vorzustellen, dass es in den nächsten Jahren am Mittelmeer im Sommer noch heißer wird, dann frage ich mich, wie Menschen dann hier noch leben können. Das ist die Umgebung, in der ich diese Zeilen schreibe, der aktuelle Kontext, der Ort.

Die Erfahrung, in diesem Sommer zwei Wochen in Griechenland zu sein, nicht als Tourist, sondern als Mitlebender, Mitarbeiter, Mitdenker in einem zivilgesellschaftlichen Projekt, erweitert mein Verständnis von Kontextbezogenheit, und ich bin meiner Landeskirche dankbar, dass sie mir im Rahmen einer dreimonatigen Auszeit diese Erfahrung ermöglicht. Mir wird bewusst, dass es noch mehr Sinne gibt, die meine Wahrnehmung beeinflussen als das Sehen. Ich bin ein stark visuell ausgerichteter Mensch, Lesen und

Schreiben sind für mich untrennbar mit den Augen verbunden. Jetzt bemerke ich, dass auch die Hitze auf der Haut und der Schweißfilm auf der Stirn etwas mit mir machen. Ich fange zugleich an, bewusst darauf zu achten, wie Katerini riecht und wie es sich anhört, und ich vergleiche diesen Ort mit anderen Orten, an denen ich häufig bin oder war: Hannover zuallererst, die Stadt, in der ich lebe. Berlin, wo zwei unserer Kinder wohnen. Bochum, wo unser drittes Kind lebt, und wo ich an der Ruhruniversität promoviert habe. Paris, wo ich mich wieder auf Studienfahrten im Foyer le Pont aufhalte. Meran, die Stadt in Südtirol, in der meine Frau und ich seit mehr als dreißig Jahren alle paar Jahre wieder hinfahren, Urlaub machen und wandern.

Es ist nicht egal, wo meine Texte entstehen, irgendwie eine Binsenweisheit, aber ich stelle in dieser Hitze fest, dass ich dies für die Entstehung meiner Texte zu selten gezielt bedacht habe. Eher aus dem Bauchgefühl heraus gehe ich mit meinem Laptop ins Café oder freue mich auf mehrstündige Zugfahrten. Der Schweiß auf der Stirn und das klatschnasse T-Shirt auf der Haut stellen mir hier und heute die Frage, wie sich diese Umgebung auf das Schreiben von Essays über Sinn oder Unsinn einer zirkulären Gesellschaft auswirkt und mein Fühlen und Denken im Blick auf den Wandel der Gesellschaft beeinflusst. Sollten Texte über Zirkularität sinnvollerweise an mehreren Orten entstehen, die ich zirkulär aufsuche, ganz real und dann zugleich erinnernd? So ist hier schon die nächste Frage: Wie kann ich gefühlte und erlebte Kontexte erinnernd mitnehmen und zuhause präsent halten, eventuell auch in eine Decke eingemummelt? Was hilft dabei? Bilder? Oder die Playlist der Musik, die ich in diesen Tagen hier höre?

Heute bedauere ich es, dass ich als Gemeindepfarrer die allermeisten Predigten in einem Arbeitszimmer mit Bücherregalen geschrieben habe. Immerhin erinnere ich mich, dass ich manche Predigtidee auf einer meiner vielen kürzeren oder längeren Radtouren entwickelt habe. Sport und Bewegung in der Natur als Kontext. Schade, dass ich nicht früher auf die Idee gekommen bin, eine Predigt im Eiscafé in Voerde, auf dem dortigen Marktplatz oder auf einer Bank am Rhein zu schreiben – oder in dem Kirchraum, in dem ich sie halten werde.

Mittlerweile bin ich zurück in Deutschland. In Hannover ist es kühl, jeden Tag regnet es. Was für ein Kontrast. Ohne die Flutkatastrophe vor einigen Wochen in Rheinland-Pfalz und Nordrhein-Westfalen wäre die Stimmung in Deutschland vermutlich so: Was für ein Sommer, das kann doch alles nicht stimmen mit dem Klimawandel. Ich fühle mich heimatlos, das hat nicht nur mit der Erinnerung an die Hitze der vergangenen Wochen zu tun. Meine vertraute, gewohnte Welt scheint mit Corona untergegangen zu sein, und die neue Welt ist unübersichtlich, ungewohnt, hier und da auch ungemütlich, sie verunsichert mich und macht mir Angst. Wie weiterleben mit sechzig Jahren Lebensgeschichte in den Knochen? Mit Werten, die ins Wanken kommen? Mit dem Gefühl, vieles falsch gemacht zu haben? Was ist, wenn Reisen und andere Dinge, die ich gerne mache, in absehbarer Zeit nicht mehr möglich sind? Was ist, wenn mir mit zunehmendem Alter die Hitze im Sommer mehr und mehr zu schaffen macht? Und ich jammere auf hohem Niveau, 39 Grad scheinen in der Spanne, die mir statistisch an Lebenszeit noch bleibt, in Hannover eher an einzelnen Spitzentagen vorstellbar. Was gibt mir in diesem Kontext Halt, Vertrauen, Sicherheit? Was gibt mir Mut, mich zu wandeln, mich zu verändern?

Ich arbeite an diesem Text weiter in Berlin, Ende August, kurz nach dem Halbmarathon, an dem ich teilgenommen habe. Die Knochen tun noch weh, ich finde nur schwer eine Sitzposition, in der ich schreiben kann. Seit vier Jahren laufe ich, vorher bin ich sehr, sehr viel Rad gefahren. Sport ist Bewegung, ist Ausgleich, ist Balance zwischen Körper, Seele und Geist. Sport ist der Ort neuer Gedanken, ist Ort, wo sich Wandel anbahnt, überraschend oft, zufällig und erhofft, erwartet, ersehnt, Sport ist Teil meiner Biografie. Zugleich reflektiere ich hier in Berlin mit meinen müden Knochen die erste Hälfte meiner Studienzeit. Eigentlich sollte dies in Zürich geschehen, verbunden mit Gesprächen mit interessanten Menschen, aber der Bahnstreik hat Christine und mir einen Strich durch die Rechnung gemacht. So ist sie auch in die Hauptstadt gekommen, auch schön, zwei unserer drei Kinder wohnen hier, und wir bleiben eine Woche, bis die Züge wieder verlässlich fahren. Mir wird bewusst, dass neben der je aktuellen Umgebung auch meine Lebensgeschichte Wandel ermöglicht, befördert, vielleicht auch behindert oder verhindert. Meine aktuelle Lebenssituation, in der ich mich hier und heute, in diesen Tagen, Wochen und Monaten bewege. Zugleich aber auch die vergangene Lebensgeschichte, die ich über Erinnerungen und mentale Infrastrukturen verinnerlicht habe. Und die zukünftige Lebensgeschichte, die sich in meinen Träumen, in Visionen und Utopien ausspricht, und die mittlerweile, mit dem Kind, das gerade im Bauch meiner Tochter heranwächst, eine neue Dimension der Verbundenheit mit einer Zukunft eröffnet, die ich nicht mehr erleben werde. All das hat Auswirkungen auf mein Fühlen, Denken, Handeln und somit auch auf das, was und wie ich schreibe. Ich erlebe mich als einen neugierigen Menschen, Neugier im besten Sinne. Ich finde Menschen, Lebewesen, Landschaften interessant, das verbindet sich mit meiner ausgeprägten Visualität, von der schon die Rede war. Ich nehme viel wahr, reflektiere und reagiere oft spontan und instinktiv. Um es mit Gerd Gigerenzer zu sagen, ich verlasse mich stark auf mein Bauchgefühl. Über die wahrnehmende Reflexion, ich könnte auch sagen, den Dialog – mit mir selbst, mit anderen, mit Lebewesen und Landschaften – erwächst Erkenntnis und Veränderung, was sich auch im Handeln ausdrückt, stets kontextabhängig. Schon früh hatte ich zum Beispiel den Gedanken, dass wir gar kein eigenes Auto brauchen, sondern dass es um Mobilität geht. Es hat etliche Jahre gedauert, bis der Gedanke in reales Handeln umgesetzt werden konnte. Im Pfarramt am Niederrhein war das noch undenkbar, in Osnabrück war das Angebot an Carsharing noch zu schwach ausgeprägt. In Hannover ging es dann schnell, die Tiefgarage kostete monatlich mehr, als wir für Stadtmobil ausgeben – und deren PKW stehen um die Ecke. Wandel, verändertes und veränderndes Handeln bahnt sich manchmal über lange Zeit an. Am Ende muss der Kontext stimmen, dazu gilt es Geduld aufzubringen, innerlich Haltung zu bewahren und im rechten Moment bereit sein, sich zu entscheiden, manchmal auch mutig aus dem Bauch heraus – das ist etwas, das ich im Sport gelernt habe, in den Jahren, in denen ich viel Freude daran hatte, mit dem Rad in den Alpen über die Passstraßen zu fahren: Ich wusste genau, ohne regelmäßiges und einigermaßen diszipliniertes Training auch bei miesem Wetter in der Vorbereitung werde ich das nicht schaffen. Und zugleich galt es vor jeder Tour zu fragen: Kann ich das heute wagen, wie ist das Gefühl, wenn ich in die Beine hineinhorche, wie sind die Wetteraussichten usw.?

Zugleich gibt es in meinem Leben Erfahrungen, die als emotionale Marker Einstellungen setzen und so auch Einfluss auf Veränderungsprozesse haben. Oft eher im Hintergrund leiten sich von dort Werte und Prinzipien ab, auf denen mein Bauchgefühl aufsetzt. Das können positive Erfahrungen sein wie beispielsweise die Begegnung mit Frithjof Bergmann, die seither mein Denken, Fühlen und Handeln im Blick auf das, was wir Arbeit nennen, maßgeblich prägt. Diese Begegnung ist mit Freude und Begeisterung verbunden, über die rede ich auch leicht und gerne. Oder eben die Aussicht, Großvater zu werden. Oder der jahrzehntelange Gesprächsfaden mit Christine, symbolisch verdichtet in der morgendlichen Stunde zwischen Zeitunglesen und dem Beginn der »Arbeit«. Es können aber auch Erfahrungen sein, die sich mit Schmerz und Trauer verbinden, aber nicht minder bedeutsam sind im Blick auf meine Werte und Haltungen. Es fällt mir schwerer, darüber im Alltag zu reden. Aber sie prägen mich im Kern genauso wie andere, die mit Freude besetzt sind, mit Mut, Erfolg, positiven Erfahrungen. Zwei Erfahrungen möchte ich exemplarisch schildern, weil sich mit ihnen wesentliche Prinzipien und Grundhaltungen verbinden, die Auswirkungen darauf haben, wie ich mich wandle oder auch nicht. Damit möchte ich ermutigen, selbst auf die Suche nach eigenen Markierungspunkten zu gehen, nach schmerzhaften wie freudvollen. Beide bestimmen Fühlen, Denken, Handeln mit und damit den Wandel. Und in einer unübersichtlichen Lage bleibt Menschen oft kaum mehr, als sich gegenseitig zu erzählen. »Dialog bedeutet, sich gegenseitig beim Denken zu helfen, sich streitend fortzubewegen, eine Art Provisorium des Fundamentalen zu schaffen«, schreiben Luisa Neubauer und Bernd Ulrich (2021, 9), und ich habe ein dickes Ausrufezeichen an den Rand gesetzt.

Meine Mutter litt unter einer Stoffwechselstörung, die mehrfach in ihrem Leben zu manisch-depressiven Phasen führte. Als ich das zum ersten Mal bewusst miterlebt habe, war es schrecklich. Ich war etwa zehn Jahre alt, als meine Mutter in eine Klinik musste und eine entfernte und weiter weg wohnende Verwandte bereit war, mich für einige Zeit aufzunehmen. Das Gefühl der Entwurzelung und der Einsamkeit, verbunden mit der Tatsache, dass mir nichts erklärt wurde, führte dazu, dass ich praktisch mehrere Tage stumm blieb und still heulte. Dann war meine Stiefgroßmutter bereit, neben meinem Bruder auch mich zu versorgen, im Haus, das neben meinem Elternhaus stand. Ich habe nie begriffen, leider auch nie gefragt, warum das nicht von Anfang an möglich war. Da spüre ich heute Enttäuschung und Wut gegenüber meinem Vater und zugleich Trauer, dass meine Mutter nicht in der Lage war, den Rahmen der Sicherheit zu halten. Die Situation ließ mich innerlich erstarren und einfrieren, die widersprüchlichen Gefühle konnte ich nicht ausdrücken und der große Druck fand im stummen Weinen seinen Ausdruck. Als einzigen emotionalen Bezugspunkt kann ich mich an ein Buch erinnern. Ich habe es bis heute noch vor Augen: »Liebe Suleika« von Erika Ziegler-Stege. Das Buch gab mir so etwas wie Halt und Trost in einer Umgebung, in der nichts nach Heimat aussah, in der es keine Beziehungen gab. Zugleich aber hatte ich das eigenartige Gefühl, ganz bei mir zu sein. Irgendwie war mir der rote Hund auf dem Cover des Buchs ein emotionales Gegenüber, das mir half, stark zu bleiben und nicht im Nichts der Verzweiflung zu vergehen. Ein wenig erinnert mich diese Erfahrung an den Film »Cast Away – Verschollen«, in dem Tom Hanks einen Schiffbrüchigen spielt, der auf einer einsamen Insel eine Beziehung zu einem Volleyball entwickelt und diesem Gesichtszüge aufmalt.

Aus dieser Erfahrung bleibt bis heute das Gefühl zurück, dass mein ganzes Leben nichts anderes ist als ein Weg über Eis, auf dem ich jederzeit einbrechen kann. Seitdem bin ich skeptisch gegenüber allen Versuchen, mit Sicherheitsideologien irgendetwas begründen oder erzwingen zu wollen. Diese Erfahrung und die daraus fließende Grundeinstellung waren für mich als Gemeindepfarrer hilfreich. Menschliche Schicksale haben mich zutiefst erschreckt und betroffen gemacht, wenn zum Beispiel Kinder oder Menschen in meinem Alter plötzlich verstarben. Aber es hat mich, oft zu meiner eigenen Verwunderung, nie grundsätzlich erschüttert, weil mir dieses Gefühl vertraut ist, dass von einem Moment zum anderen der Boden unter den Füßen wegbrechen kann. Vielleicht empfinden Gesprächspartner:innen das auch so, dass sie das Gefühl haben, sie können mir gegenüber furchtbare Dinge aussprechen, ohne dass ich schreiend weglaufe oder abwehre. Natürlich schnürt mir manche Geschichte den Hals zu, in seltenen Fällen habe ich auch öffentlich Tränen vergossen. Und doch: Solche Momente lösen nicht das Gefühl aus, dass sich die Erde unter mir öffnet und ich ins Bodenlose falle. Es ist eher das Gefühl, dass zwar dann das Eis unter mir bricht, ich mich aber auf einem Boden wiederfinde, auf dem Trauer und Klage möglich sind oder auch nur stummes gemeinsames Schweigen oder Weinen.

Ist das dieses Grundvertrauen, von dem immer wieder die Rede ist, ein unverbrüchliches Vertrauen in das große Ganze, unerklärlich, aber irgendwie Sicherheit vermittelnd? Meine Eltern waren nicht übermäßig religiös, aber ich frage mich, ob diese doppelte Erfahrung – radikale Infragestellung der Lebensumstände und gerade darin grundlegend gehalten zu sein, von wem oder was auch immer – eine der Wurzeln dafür ist, dass ich später den Weg in die Theologie und ins Pfarramt wählte. Gleichzeitig bin ich meinen Eltern von Herzen dankbar, dass sie nicht kirchlich geprägt waren. Diese Distanz zur Kirchlichkeit habe ich immer behalten, ich hinterfrage diese Kirchlichkeit automatisch, und das Ringen um eine richtige Sprache, gerade im religiösen Bereich, ist mir wesentlich und wichtig, eine Sprache, die stimmt und stimmig ist.

Die zweite Erfahrung habe ich in meinen zwanziger Jahren gemacht, während meines Studiums. Es ergab sich nach unserer Hochzeit und dem Umzug nach Marburg, wo ich evangelische Theologie studierte, dass wir uns für mehrere Jahre dem Marburger Kreis, einer christlich-fundamentalistisch geprägten Gruppe, anschlossen, welche die Bibel als ethische Lebensleitlinie wörtlich nahm. So versuchte sie ein strenges, praktisch sektiererisches Regiment über ihre Mitglieder auszuüben. Durch individuelle Seelsorge schwor sie Menschen auf bestimmtes Verhalten ein, weil dieses nach dem Maßstab der wörtlich genommenen Bibel den Weg zum Leben und vor allem zum ewigen Heil darstellte, so war Rauchen verboten und voreheliche Sexualität sowieso. Die sogenannten Mannschaftsführer:innen beriefen sich auf ihre Verantwortung, diese Grundregeln Menschen zu ihrem Besten nahezubringen, damit sie nicht verloren gehen. Es brauchte ein erhebliches Maß innerer Stärke, um sich hier abzugrenzen. Diejenigen, denen dies gelang, verließen zumeist umgehend die Gruppe, weil sie merkten, das System stimmt nicht. Ich hatte diese Stärke lange Zeit nicht. Daher lebte ich in einer Mischung aus äußerer Anpassung und innerem Widerstand, die nur selten zu Aufbegehren führte. Einmal setzte ich mich durch, als es um die Teilnahme an einer der großen Friedensdemonstrationen in Bonn ging. Zuvor gab es heftige Versuche, meine Frau und mich umzustimmen, weil die Leiter:innen hierin eine Sünde gegen Gott sahen, weil Christ:innen sich dem Staat unterordnen müssen, gemäß einer Aussage des Apostels Paulus im Römerbrief: »Seid jederzeit der Obrigkeit untertan«. Immerhin, sie ließen uns fahren, am Ende handelte es sich eben nicht um eine Sekte, sondern lediglich um eine Gruppe mit sektiererischen Zügen. Und die Friedensbewegung, verbunden mit den Diskussionen in den sozialethischen Vorlesungen und Seminaren beim späteren EKD-Ratsvorsitzenden Wolfgang Huber gehören zu den prägenden, mit Freude verbundenen Erfahrungen in meiner Lebensgeschichte. Nicht im Blick auf die Thematik von Rüstung und Krieg, sondern hinsichtlich einer grundlegenden Motivation, mich mit sozialethischen Fragen und Herausforderungen beschäftigen zu wollen und dazu auch das Handwerkszeug mitgeliefert zu bekommen. Diese Spur zieht sich wie ein roter Faden durch die letzten fast vierzig Jahre, es ist eine Spur der Freude.

Doch zurück zum Marburger Kreis. Erst in meinem Vikariat, nach dem Umzug nach Düsseldorf, gelang mir beziehungsweise uns der Absprung. Hier halfen mir die Begegnungen mit meinen Kolleg:innen im Vikarskurs sehr und ein Mentor, der meiner Frau und mir in einem Gespräch die Frage stellte: Was sagt denn euer Bauchgefühl, wenn ihr über die Frage nachdenkt, bleiben oder gehen? Die Antwort war sofort klar, die Entscheidung wurde vollzogen, das ging dann am Ende ganz leicht. Diese Erfahrung zeigt mir, wie wichtig unterstützende Beziehungen sind, wenn es um Orientierung in Situationen geht, in denen ideologische Aspekte eine Rolle spielen. Ideologien üben Druck aus, suggerieren Sicherheit, und der Versuch, mich hier zu entfernen, löst massive Ängste aus. In Ideologien geht es immer um richtig oder falsch, um ganz oder gar nicht, und der Versuch, sie in Frage zu stellen, greift direkt den Kern der Identität an und bedroht ihn, es braucht Stärke und Begleitung, um mich ablösen zu können. Seither bin ich sehr allergisch gegen alle Ideologien, zum anderen war diese Erfahrung eine Bestätigung einer anderen Erfahrung, die ich schon länger gekannt hatte: Vertrau deinem Bauchgefühl. Es kann sich auch irren, klar, aber nach meiner Erfahrung selten, es lohnt sich, auf den Bauch zu hören, dazu aber Rückkoppelungsschleifen einzubauen.

Ich habe diese Jahre neben einem interessanten Studium mit großartigen Erfahrungen auf der einen Seite und dem permanenten Lavieren in einer fundamentalistisch ausgerichteten christlichen Gruppierung andererseits als eine Zeit erlebt, in der ich mich ungeheuerlich verbiegen musste. Das, was ich im Studium über das Christentum lernte, passte überhaupt nicht mit dem zusammen, was in der fundamentalistischen Gemeinschaft gelehrt wurde. Sehr schnell nach dem Ausstieg war mir klar, dass ich mich möglichst nie wieder so verbiegen lassen möchte in meinem Leben. Das führt bis heute dazu, dass ich sehr an einer ehrlichen und persönlichen Sprache interessiert bin und Worthülsen gegenüber sensibel bis allergisch bin, Worthülsen, die entweder Unwissen oder Denkfaulheit geschuldet sind oder eben aus Ideologien entspringen. Seither habe ich ein feines Sensorium für den Unterschied zwischen echter Sprache und unechter Sprache entwickelt und bemühe mich darum, möglichst in jedem Kontext entsprechend meine Worte so zu wählen, dass sie stimmen.

Der Kontext, die beziehungsreiche Verknüpfung von aktueller Umgebung einerseits und meiner Lebensgeschichte andererseits, hat für mich viel mit dem Begriff der Stimmigkeit zu tun. Wenn ich in diesen Monaten über Chancen, Grenzen und Risiken einer zirkulären Gesellschaft nachdenke, beeinflussen die Orte und die Umgebung den Inhalt der Texte genauso mit wie wesentliche Markierungspunkte in meiner Lebensgeschichte. Eine vollständige Erfassung von Umgebung und Biografie und deren komplexes Beziehungsgeflecht ist natürlich unmöglich. Eine begleitende Reflexion während des Denk- und Schreibprozesses macht für mich Sinn, und es ist mir wichtig, diese Aspekte für die Leser:innen zu benennen. So verkleinere ich die Gefahr von Missverständnissen, weil gleiche Worte sehr unterschiedlich gehört werden können, und es daher viel Sinn macht, hier eine zusätzliche Schleife einzubauen.

Literatur:
Neubauer, Luisa/Ulrich Bernd (2021): Noch haben wir die Wahl. Ein Gespräch über Freiheit, Ökologie und den Konflikt der Generationen, Stuttgart

Die Stärke schwacher Beziehungen in einer zirkulären Gesellschaft

Unser Leben besteht aus Beziehungen – banal, aber im Alltag nur selten bewusst. Das Beziehungsgeflecht wird oft erst sichtbar, wenn Beziehungen gestört sind oder gewohnte Beziehungen nicht mehr wie gewohnt gelebt werden können. Die Lockdowns unter Corona haben vielen hier die Augen geöffnet. Kontaktbeschränkungen, Abstandsregeln und die Angst vor Ansteckung haben Beziehungsmuster verändert. Digitale Beziehungen waren auf einmal das Maß aller Dinge. In kurzer Zeit veränderten Zoom und Co. das Leben vieler und beförderten zugleich die digitale Spaltung der Bevölkerung. Im Herbst 2021 befanden wir uns erneut in einer Veränderung. Mit dem Impffortschritt fielen viele der sogenannten Einschränkungen weg, und Frauen, Männer und Kinder erkannten, dass es kein einfaches Zurück gibt. Wie oft habe ich gedacht und auch von anderen gehört, wie großartig es ist, dass wir uns wieder in Präsenz treffen können. Manche haben aber während der Lockdowns festgestellt, dass sie viel besser allein klarkommen als gedacht, und fanden die wieder vermehrt möglichen analogen Kontakte befremdlich oder unangenehm. Nun, jetzt, Ende November, am Beginn des Winters, zwingen uns nun die volllaufenden Intensivstationen erneut zurück ins Private und Digitale. Wo werden wir im Frühjahr 2022 stehen, wenn dieses Buch erscheint? Wird das Umarmen und Händeschütteln ein Comeback erleben, mit dem wir Nähe und Distanz, Anfang und Ende von Begegnungen und die dahinter liegenden Beziehungen vor Corona symbolisiert und ausgedrückt haben? Wie viele finden die Selbstbeziehung künftig spannender als den Kontakt zu anderen Menschen? Welche Rolle spielt in einer künftigen, Nach-Corona-Gesellschaft die digitale Beziehungspflege, eine Zeit lang noch via Zoom, aber wahrscheinlich schon bald in virtuellen Räumen, die uns noch stärker vorgaukeln werden, dass wir räumlich ganz nahe beieinander sind? Und welche Rolle werden Begegnungen in Präsenz künftig haben?

Viele stehen nicht nur in dieser Zeit vor solchen Fragen: Welche Beziehungen will ich und wie viel davon? Was tut mir gut? Wie will ich künftig arbeiten, an meinen Beziehungen, aber auch an den Herausforderungen der Gegenwart und vor allem, der Zukunft? Wie pflegen Teams, Vorstände,

Aufsichtsräte, Delegiertenversammlungen, Gremien, Arbeitsgemeinschaften, kirchliche Synoden in Zukunft ihre Beziehungen? Die Debatten um das Homeoffice sind nur der Anfang. Insbesondere die Notwendigkeit der Klimaanpassungen wird diese Fragen noch dringlicher als bislang stellen, wenn die Kosten, keinesfalls nur die finanziellen, mehr und mehr in den Blick genommen werden, bei nahezu allem, was Menschen so tun oder lassen. Welchen Sinn machen welche Beziehungen, welche Werte stehen hinter ihnen, welche Bedürfnisse werden gestillt und wie und wozu schaffe ich Beziehungen, pflege und unterhalte sie? Welche Rolle spielt räumliche Nähe, welche Chancen und Risiken bieten die neuen digitalen Wege? Welche Ressourcen sind jeweils zu berücksichtigen?

Ein wenig erinnert mich dieser technologische Umbruch an die Zeit, bevor Handys unsere Kommunikation eroberten und veränderten. Im letzten Jahrzehnt des letzten Jahrhunderts war ich oft mit dem Rad allein in den Alpenländern unterwegs. Fünf Minuten telefonieren in der Telefonzelle kostete fünf Mark, das habe ich nur alle drei, vier Tage gemacht. Zwischendurch wusste Christine nicht, auf welchen Passstraßen ich gerade unterwegs bin. Und heute? Als ich im Sommer zwei Wochen in Griechenland war, haben wir beide jeden Morgen eine dreiviertel Stunde über Facetime miteinander gesprochen und uns gesehen, tagsüber hatten wir immer wieder Kontakt über Signal. Die Verbindung lief über WLAN und kostete nichts. Und ein Ende der digitalen Kommunikationserweiterungen ist noch lange nicht in Sicht. Im Oktober 2021 kündigt Facebook das Projekt Metaverse an, in der künftig die physische Realität mit erweiterter (augmented reality, AR) und virtueller Realität (VR) in einer Cyberwelt verschmelzen sollen. Ob Metaverse sich durchsetzt oder ein anderes System – auf jeden Fall erweitert, erleichtert oder erschwert diese neue Stufe der Kommunikation die Beziehungspflege, je nach Blickwinkel.

Menschen erleben Kreativität oft im Austausch und im Spiegel des oder der anderen. Menschen sind in einer hoch ausdifferenzierten (Welt-) Gesellschaft auf Kooperation als Gegenüber und Ergänzung zur Konkurrenz angewiesen. In einer künftigen, eher an zirkulären Prozessen statt am linearen Fortschritt ausgerichteten Gesellschaft kann nicht darauf verzichtet werden, über den eigenen Tellerrand zu schauen und die eigenen Filterblasen zu verlassen.

Eine Welt, die sich individualisiert, steht zugleich in der Gefahr, diesen Trend auch auf die Gruppen zu übertragen, in denen ich mich wohl und zuhause fühle und verstanden weiß. Corona hat diesen Trend gefördert, der· Sicherheit gibt, aber kein Problem der Welt löst. Beziehungslosigkeit ist letztlich tödlich, sowohl für Individuen als auch für Gruppen. Die Frage der Beziehungspflege ist in einer auf Veränderung und Wandel ausgerichteten Gesellschaft daher von allergrößter Bedeutung. Dabei gilt es zu berücksichtigen, dass auch Beziehungspflege etwas kostet, Ressourcen benötigt. Die Einzelteile des Smartphones und der ungeheure Energiebedarf der Serverstrukturen, die mir und Christine (scheinbar) kostenfrei erlauben, über Facetime den Raum zu überbrücken, haben ihren Preis, den die Umwelt zahlt und wir in Folge ebenso. Neu taucht vermehrt in Folge der sich verbreitenden Erkenntnis dieser Zusammenhänge die Herausforderung auf, auch die Beziehungen zur natürlichen Umwelt, besser Mitwelt neu und anders zu gestalten.

Bei dem Versuch, die Stärken und Schwächen von Beziehungen theoretisch-analysierend in den Blick zu nehmen, mögliche Auswirkungen zu reflektieren und Strategien für künftige Beziehungspflege in einer Gesellschaft zu entwickeln, hilft mir das Konzept von der Stärke der schwachen Beziehungen. Es geht von der Beobachtung des Soziologen Mark Granovetter aus, dass es in Netzwerken starke und schwache Beziehungen gibt, die unterschiedliche Arten von Netzwerkbeziehungen ermöglichen. Christine Avenarius bringt die Unterscheidung so auf den Punkt: Starke Beziehungen verbinden Freund:innen, schwache Beziehungen vernetzen Bekannte (Avenarius 2010, 100). Letztendlich ist der Übergang von schwachen zu starken Beziehungen genauso fließend wie das Entstehen einer schwachen Beziehung aus Begegnungen heraus. Nicht mit jedem Menschen, mit dem ich mich einmal unterhalten habe, habe ich bereits eine schwache Beziehung. Das Austauschen von Visitenkarten schafft noch keine schwache Beziehung, eher das gezielte Austauschen von Handynummern. Wie wird aus einer einmaligen oder auch mehreren flüchtigen Begegnungen eine schwache Beziehung? Wann bezeichne ich für mich jemanden als Bekannte:n? Eine schwache Beziehung entsteht für mich, wenn ich eine andere Person bewusst mit etwas verknüpfe, mit einem gemeinsamen Thema, einer Erinnerung oder mit einem überraschenden oder auch irritierenden Ereignis.

Nach meiner Erfahrung macht sich das an einem Gefühl der Verbundenheit fest, einer Stimmigkeit, die mich emotional oder thematisch mit diesem Menschen verbindet, irgendetwas muss passen. Sympathie und Antipathie spielen hier auch eine Rolle, und es bleibt eine offene Frage, ob und wie die kleinen Unterschiede im Habitus (Pierre Bourdieu) schwachen Beziehungen förderlich sind oder nicht. Ich glaube, dass der unbewusst erlernte Habitus eher den Aufbau starker Beziehungen über die Gruppengrenzen hinweg erschwert, dies gilt aber nicht zwingend für schwache Beziehungen, weil diese gerade die Unterschiede im Blick haben und sie zu nutzen suchen. Damit bin ich schon mittendrin in der Stärke der schwachen Beziehungen.

Das Konzept hat Mark Granovetter 1973 in seinem Aufsatz »The Strength of Weak Ties« erstmals beschrieben, in dem er die Ergebnisse einer Untersuchung über die Beschaffung von Informationen durch Arbeitssuchende vorstellt. Seine Erkenntnis lautet: Menschen erhalten hilfreiche Informationen über Jobs eher über schwache Beziehungen als über starke Beziehungen, mit denen sie gleiche Interessen und Lebensumstände teilen. Gleichzeitig gibt es eine Korrelation im Blick auf die Häufigkeit: Je mehr starke Beziehungen ein Mensch unterhält, desto weniger schwache Beziehungen. Der Grund liegt auf der Hand, starke Beziehungen zu pflegen ist zeitintensiver.

Mark Granovetters Konzept gilt als gut erforscht und bestätigt zum Beispiel im Blick auf Beziehungen innerhalb der Wirtschaft und bei der Verbreitung von Infektionskrankheiten (lange vor Corona). Übertragen auf Netzwerkbeziehungen in anderen Lebensbereichen kann daher von der These ausgegangen werden: Starke Beziehungen unterstützen die Bildung von Gemeinschaften, schwache Beziehungen ermöglichen den Zusammenhalt des Gesamtnetzwerkes. Zugleich gilt: Gehen starke Beziehungen verloren, schrumpft das vorhandene Netzwerk, der Verlust schwacher Beziehungen dagegen fördert den Zerfall der Gesellschaft, da die Brücken zwischen den Netzwerken verloren gehen.

Als ich vor einigen Monaten bei Harald Sommerfeld erstmals von der Stärke der schwachen Beziehungen las im Blick auf die Möglichkeit, Kirche in der Großstadt einzubringen, war ich sofort elektrisiert. Hier beschrieb jemand das gezielte Aufbauen von netzwerkartigen Strukturen zwischen gesellschaftlichen Gruppen mit Hilfe von schwachen Beziehungen durch dafür befähigte und beauftragte Netzwerker:innen als positiv und notwendig.

Wie in einem Spiegel sah ich mich in meiner Arbeit im Kirchlichen Dienst in der Arbeitswelt (KDA) bestätigt, in der ich viel Lust und Leidenschaft daransetze, Menschen zwischen Kirche und Arbeitswelt, aber auch innerhalb der Wirtschaftswelt miteinander in Beziehung zu bringen und so an Beziehungsmustern mitzuweben. Harald Sommerfeld schreibt über solche Netzwerker:innen:

»Manchmal treffen sie sich mit Leuten, weil sie ein konkretes Anliegen haben. Immer wieder treffen sie sich mit Leuten allerdings auch ohne ein solches Anliegen. Sie lernen gerne Menschen kennen, die sich in der Stadt engagieren (wollen). Sie wollen diese nicht für etwas gewinnen, sondern erfahren, wer sie sind und was sie auf dem Herzen haben. Genau das erweist sich oft als sehr hilfreich. Sie können ihnen Tipps geben oder sie mit den richtigen Leuten in Kontakt bringen. Aus ›absichtslosen‹ Treffen – wenn man das Interesse für einen Menschen nicht als Absicht bezeichnet – entsteht manchmal mehr Neues als aus Strategietreffen. Deshalb beschreibe ich meinen eigenen Dienst auch gern so: ›Ich trinke mit möglichst vielen Menschen möglichst viel Kaffee und Gott sorgt dafür, dass dabei etwas herauskommt‹« (Sommerfeld 2016, 578f).

Es war eine Art wissenschaftliche Anerkennung meiner Erfahrung, dass der Kaffee im Café oder die Abende auf Empfängen bei Sekt und Schnittchen höchst sinnvolle und wirksame Tätigkeiten sind. »Ich komme gerne auch mal einfach auf einen Kaffee vorbei«, dieser Satz stand lange oben auf einem meiner Social-Media-Profile. Zugleich begegnet mir in meinem kirchlichen Umfeld immer wieder eine skeptische Haltung gegenüber solchen Netzwerker:innen, die eher auf flüchtige Bekanntschaften zielen als auf tiefe und langandauernde Beziehungen. Auch Harald Sommerfeld beschreibt solche Äußerungen. Starke Beziehungen gelten in der Kirche weithin als erste und wesentliche Zielsetzung, mit gutem Grund. Menschen sollen angesprochen und berührt werden und möglichst an die Gemeinde gebunden werden. An dieser Zielsetzung gibt es nichts auszusetzen, sie entspringt aus dem Auftrag des Evangeliums, sich Menschen zuzuwenden und nah bei ihnen zu sein. Allerdings besteht die Gefahr, dass Kirche sich auf die »Filterblase« der Kerngemeinde konzentriert. Die Pflege schwacher Beziehungen geschieht eher nebenbei und ist konzeptionell selten im Blick. Diese Netzwerktätigkeit wird eher nicht als eine Arbeit angesehen, in die zeitliche und finanzielle Ressourcen zu investieren sind. Mir ist in meiner Tätigkeit im KDA schon der Vorwurf begegnet: »Wenn du in deiner Arbeitszeit zu Empfängen gehst, Schnittchen und Sekt genießt und plauderst, das ist doch keine wirkliche Arbeit.« Umgekehrt wird bei vielen meiner Gesprächspartner:innen in Wirtschaft und Arbeitswelt genau das außerordentlich geschätzt: Die evangelische Kirche stattet Menschen mit Zeit aus, um »einfach nur« hinzugehen, sich zu interessieren und ins Gespräch einzusteigen, ohne auf eine intensivere und längerfristige Beziehung zu setzen. In meinem Verständnis ist auch dies eine Umsetzung des Auftrags des Evangeliums, Jesus selbst hatte keineswegs mit allen Menschen, denen er (einmal) begegnet ist, starke Beziehungen, im Gegenteil. Gerade bei ihm wird umgekehrt deutlich, dass sogar eine einmalige Begegnung große, manchmal lebensverändernde Wirkung haben kann.

Anders gesagt: Starke Beziehungen im Sinne der Definition von Mark Granovetter sind keinesfalls immer und aus sich heraus intensiv und bereichernd, sie können auch konfliktbeladen und oberflächlich sein, sie sind zu gestalten. Umgekehrt können schwache Beziehungen überaus intensiv und bereichernd sein, eine einmalige Begegnung vermag einen Eindruck, eine Erkenntnis, eine Verbundenheit zu erzeugen, die mich nachhaltig weiter beschäftigt, zu Ende gedacht lebensverändernd sein kann, wenn meine Grundhaltung, meine Weltsicht grundlegend verändert wird. Stark und schwach bezieht sich nicht auf die Intensität der Beziehung, sondern beschreibt die jeweilige Situation und die Rolle im Netzwerk.

Mark Granovetters Erkenntnisse machen aus meiner Sicht auf ein vernachlässigtes Potential in der Gesellschaft aufmerksam, denn die Pflege schwacher Beziehungen kann schaffen, was starke Beziehungen nicht erreichen können: die Vernetzung der gesellschaftlichen Gruppen, zu denen auch die Kirchen gehören. Wichtig ist dabei ein weiterer Hinweis, den ich ebenfalls bei Harald Sommerfeld finde, dass Netzwerke in der Gesellschaft polyzentrisch, nicht hierarchisch sind. In einem hierarchisch aufgebauten Netzwerk gibt es zentrale Akteur:innen, die mit vielen peripheren Akteur:innen verbunden sind, die nicht zwingend untereinander in engerem Kontakt stehen. Polyzentrische Netzwerke dagegen bestehen aus Clustern, innerhalb derer es regen Austausch gibt, diese Cluster sind aber untereinander nicht verbunden (so Sommerfeld 2016, 573).

Ich reflektiere diesen Gedanken noch ein wenig an dem Netzwerk, in dem ich beruflich unterwegs bin. Die evangelische Kirche muss sich öffnen, heißt es immer wieder, doch die Konzentration auf das Wohlbefinden der eigenen Gruppenmitglieder schränkt zugleich die Veränderungsfähigkeit und -bereitschaft ein. Wenn Kirche einen Beitrag zur Transformation der Gesellschaft beitragen will, muss sie schwache Beziehungen zu anderen Akteuren in der Gesellschaft aufbauen, unterhalten und ausbauen. Vielfach, so mein Eindruck, rückt das vermehrt in den Fokus der innerkirchlichen Diskurse, zum Beispiel unter der Forderung nach Sozialraumorientierung oder dem noch relativ neuen Arbeitsfeld der Gemeinwesendiakonie. Mark Granovetters konzeptionelle Unterscheidung kann hier als Kompass zur Orientierung hilfreich werden, sowohl analytisch wie strategisch – auch und gerade im Blick auf die Aufteilung der vorhandenen und begrenzten Ressourcen. Ich vermute, dass andere Organisationen in der Zivilgesellschaft ähnliche Erfahrungen machen und vor der gleichen Herausforderung in einer sich rasant und turbulent verändern Gesellschaft stehen.

Allein aus Eigeninteresse müssen daher Kirche und viele andere gesellschaftliche Gruppen und Organisationen sehr daran interessiert sein, Ressourcen für den Brückenschlag mit anderen gesellschaftlichen Netzwerken zur Verfügung zu stellen. Personelle, zeitliche und somit immer auch finanzielle Ressourcen, in einer Zeit vielfacher gesellschaftlicher Umbrüche, in denen alte und vertraute Beziehungen verloren gehen, sowohl starke als auch schwache, eng verbunden auch mit einem Generationenwechsel in vielen Stellen in unserer Gesellschaft. Ohne die Vernetzung der Cluster, Filterblasen, Verbände und Organisationen ist Zusammenhalt und Zusammenarbeit im Blick auf die großen Ziele der Transformation nicht möglich. Der Austausch der Informationen zwischen den Clustern oder auch nur zu wissen, wie, wo und von wem ich Informationen bekommen und vermitteln kann, ist von zentraler Bedeutung, ebenso wie die Überlegung, welche Informationen ich selbst anderen Clustern anbieten kann. Dazu braucht es Menschen, die ihre Befähigung zum Brückenbau genau an dieser Stelle zur Verfügung stellen, damit das Potential der schwachen Beziehungen abgerufen wird und zielgerichtet zum Tragen kommt.

Die Zivilgesellschaft braucht solche Netzwerkarbeiter:innen.

An vielen Stellen ist die Rede davon, dass die Gesellschaft Gefahr läuft, auseinanderzufallen und jede Gruppe nur noch ihren Partikularinteressen nachgeht, oft ohne zu merken, dass dies in einer global verbundenen Welt nicht mehr möglich ist. Die Rahmenbedingungen für die Veränderungen durch die Klimakrise sind längst bekannt, die Folgen der Erderwärmung sind in wesentlichen Feldern klar beschrieben, dazu reicht die Lektüre eines Buchs wie »Deutschland 2050« von Toralf Staud und Nick Reimer oder ein flüchtiger Blick in die zumeist öffentlich zugänglichen Untersuchungen der je eigenen Stadt, der eigenen Region, sei es zum Hochwasserschutz, zur Wasserversorgung, zu Entwicklung von Flora und Fauna usw. Allein, es fehlt an der Kraft, Entscheidungen herbeizuführen. Aus meiner Sicht ist dies auch eine Folge einer unterentwickelten oder nicht vorhandenen Dialogfähigkeit, deren Grund vielfach im Verharren in der eigenen Blase, in der eigenen Gruppe liegt. In meiner Blase bekomme ich meine Gedanken, meine Positionen immer wieder bestätigt, das gibt Sicherheit – und schuld sind immer die anderen.

Hier hilft mir das Konzept der schwachen Beziehungen. Es ist weder notwendig noch sinnvoll, allein auf starke und belastbare Beziehungen zu setzen. Aufbau und Pflege sind so zeitintensiv, dass ich nur wenige solcher Beziehungen unterhalten kann. Das schmälert die Rolle von starken Beziehungen in einer sich stark verändernden Gesellschaft keineswegs, es braucht Seelsorger:innen, Coaches, Therapeut:innen und andere mehr. Es wäre das Kind mit dem Bad ausgeschüttet, wenn alle Kraft nur noch in schwache Beziehungen investiert würde. Es braucht die festen, vertrauensvollen Beziehungen, in denen ich mich auf den, die andere(n) verlassen kann. Und es gibt auch starke Beziehungen von Menschen über die Gruppengrenzen hinweg, keine Frage. Aber wenn wir in der Fülle der komplexen Herausforderungen vorankommen wollen, gilt es bewusst und gezielt das Augenmerk auf die Stärke der schwachen Beziehungen zu richten und Strategien für die Förderung von schwachen Beziehungen in der Gesellschaft zu entwickeln, um von deren Stärken profitieren zu können.

Wie kann das Konzept Mark Granovetters konkret angewendet werden? Zuallererst kann ich es zur Analyse meiner vorhandenen Beziehungen und zur strategischen Planung neuer Beziehungen einsetzen. Ich kann zum Beispiel eine persönliche Netzwerklandkarte meiner Beziehungen zeichnen und die verschiedenen Ebenen (Freundschaft, Kumpelschaft, Bekanntschaft) entsprechend definieren. Ich kann eine Landkarte von Personen und Institutionen in einem Segment zeichnen und die Beziehungen eintragen, so werden Lücken sichtbar oder auch blinde Flecken. Wenn dies mehrere Personen in meiner Institution gleichfalls machen, können die Landkarten übereinandergelegt werden und Absprachen getroffen werden. Dies ist aus meiner Sicht auch deswegen sinnvoll, weil Sympathie und Antipathie immer eine Rolle spielen. Manchmal gelingt es, eine Netzwerkverbindung über Bande gespielt aufzubauen, wenn ich mit einer anderen Person nicht kann. Natürlich gilt es darauf zu achten, dass Persönlichkeitsrechte und Datenschutz gewährt bleiben, wenn solche Landkarten ausgetauscht oder kombiniert werden, es reicht vermutlich für den Abgleich aus, sich auf Organisationen zu beschränken. Der Vorteil liegt aber auf der Hand, denn eine Netzwerklandkarte meines Teams, meiner Organisation (oder auch nur meine ganz persönliche) kann zugleich auch für die strategische Planung genutzt werden und fragen: Welche Lücken will ich warum schließen und bis wann?

Solche Landkarten sind stets zu aktualisieren, zugleich müssen die Legenden immer wieder angepasst werden, weil sich die Kontexte von Beziehungen ständig verändern. Besonders auffällig ist das im Bereich von Social Media, die digitalen Netzwerke befinden sich in einem stetigen Wandel. Überall entstehen Beziehungen, starke wie schwache, und es gibt dazu noch mannigfaltige Beziehungen der digitalen Netzwerke untereinander und zu analogen Netzwerken. Zum anderen zeigt die Corona-Zeit, wie schnell sich Beziehungsmuster verändern können, im positiven wie negativen Sinn. Das macht einerseits Hoffnung und ist zugleich eine Art von Korrektiv, wenn der Versuch unternommen wird, die Landkarte unter dem Vorzeichen zu zeichnen, die Orientierung am Konzept der Zirkularität in der Gesellschaft zu fördern. Welche Brücken können, sollten hier geschlagen werden? Wo sind die strukturellen Löcher? Wo sind Menschen, die bereits Brückenbauer:innen sind und die sich vielleicht untereinander (in starken?) Beziehungen vernetzen, um sich auszutauschen und voneinander zu lernen? Ich kann mich fragen: Wie kann ich mich für andere Personen und Organisationen interessant machen? Welche Sprachfähigkeit gilt es zu entwickeln und wo sind meine Grenzen? Für welche Positionen stehe ich, für welche meine Organisation?

Ein Mindestmaß an Sachkenntnissen ist ebenfalls erforderlich, kann aber durch Neugier und Dialogfähigkeit manchmal ausgeglichen werden. Aufmerksam zuhören und gute Fragen stellen zu können, ist häufig ebenso ein Türöffner wie umfassender Sachverstand. Dabei ist es sowohl möglich als auch sinnvoll, die Zahl der gebauten Brücken und ihren Zustand zu evaluieren und auch zu quantifizieren, weil das für die Entscheidung über die Ressourcen wichtig ist.

Im Zusammenspiel eines strategischen Prozesses lässt sich die Vielzahl der Personen entsprechend nutzen. Es reicht, wenn eine Brücke existiert und ich weiß, wer diese Brücke wo gebaut hat. Wichtig scheint mir die Einsicht, dass diejenigen, die Brücken bauen und Türen öffnen, nicht diejenigen sein müssen, die später auch die Arbeit der Umsetzung von Maßnahmen leisten. Das wäre zeitlich und sachlich eine Überforderung oder auch Verschwendung von Ressourcen. Eine Brücke zu bauen, ist eine andere Tätigkeit, als den Handel über eine Brücke zu betreiben – aber den Zustand der Brücke im Blick zu halten, könnte wiederum Aufgabe der Brückenbauer:innen sein, weil sie wissen, wie die Brücken konstruiert sind. Diejenigen, die schwache Netzwerkbeziehungen aufbauen und pflegen, müssen weder all die Informationen aus der eigenen Organisation parat haben noch alle Informationen anderer Cluster nach innen transportieren. Und es ist auch nicht ihre erste Aufgabe, Veranstaltungen, Workshops, Projekte kooperativ clusterübergreifend auf den Weg zu bringen oder selbst daran mitzuwirken. Das wird sicher beides immer wieder auch Teil ihrer Tätigkeit sein, weil und wo es sich organisch ergibt. Aber entscheidender ist, zu wissen, wo ich welche Informationen leicht bekommen oder weitergeben kann, weil ich eben schwache Beziehungen unterhalte. Intern in der eigenen Organisation muss daher dafür Raum geschaffen werden, dass die Landkarte bekannt ist, damit die Vernetzung nicht auf die Person der Netzwerker:innen begrenzt bleibt. Das ist auch von Bedeutung im Blick auf Stellenwechsel oder den Ruhestand, damit es nicht zu Abbrüchen kommt.

Ich erlebe diese Zeit, in der die Corona-Pandemie und die immer näher rückenden Auswirkungen der Klimakrise sich gegenseitig verstärken, als eine Zäsur, in der sich sehr viel Gewohntes und Vertrautes auflöst und unklar ist, wohin die Reise geht. Ich höre immer wieder, dass Menschen, aber auch Organisationen das Gefühl haben, in eine Sinnkrise gerutscht zu sein, in der das eigene Leben, die eigene Arbeit, eigene Beziehungen hinterfragt werden. Das kann einerseits ermutigen, bestätigen, motivieren, auf der anderen Seite aber auch verunsichern. Corona hat viele Frauen, Männer, Kinder und Jugendliche heftig durchgeschüttelt. Und all das hat Auswirkungen auf meine Beziehungen, auf die Zahl, die Art und Weise der Beziehungspflege. Manche Beziehung geht verloren, andere gewinne ich neu. Es spricht viel dafür, dass dieser Prozess auch für Gruppen, Einrichtungen, Organisationen, Verbände, Unternehmen usw. gilt. Sowohl im privaten als auch im gesellschaftlichen Raum stellt sich die Frage nach den starken und den schwachen Beziehungen neu, erneut, verändert. Es macht für mich Sinn, im gesellschaftlichen Raum (gemeinsam?) Landkarten zu zeichnen und dann zu schauen, wer geeignet und befähigt ist, die Cluster so miteinander zu verbinden, damit Informationen zirkulieren können. Die Jobsuchenden, mit denen Mark Granovetter sprach, hatten größere Chancen, je mehr schwache Beziehungen sie unterhielten. Eine Gesellschaft, die auf der Suche ist, um sich stärker als bisher an zirkulären Prozessen auszurichten und die damit verbundenen Herausforderungen anzugehen, tut gut daran, hier zu investieren und zu experimentieren.

Literatur:

Avenarius, Christine (2010): Starke und schwache Beziehungen. In: Stegbauer, Christian/Häußling, Roger: Handbuch Netzwerkforschung, Wiesbaden, S. 99-111

Granovetter, Mark (1973): The Strength of Weak Ties. In: American Journal of Sociology 78, S. 1360-1380

Reimer, Nick/Staud, Toralf (2021): Deutschland 2050. Wie der Klimawandel unser Leben verändern wird, Köln

Sommerfeld, Harald (2016): Mit Gott in der Stadt. Die Schönheit der urbanen Transformation, Marburg

Hoffnung auf mehr Zirkularität? Eine kritische Betrachtung des Kreislaufs

»Ihr sollt es einmal besser haben!« Diesen Satz habe ich oft von meinen Eltern gehört. Sie bezogen ihn auf die Tatsache, dass es ihnen nicht möglich war, Abitur zu machen und zu studieren. Im Unterschied zu anderen Familien, in denen dieser Satz eng mit der Hoffnung auf Steigerung des materiellen Wohlstands verbunden war, spielte das in meiner Herkunftsfamilie keine Rolle, da mein Vater als Unternehmer in den sechziger und siebziger Jahren des letzten Jahrhunderts sehr gut verdient hat. Den Mangel empfanden meine Eltern im Bereich der Bildung, und so hieß die Ansage an meinen Bruder und mich: Studiert, egal was. Diese Offenheit behielten sie bei, als ich mich weder für Betriebswirtschaft noch für Jura interessierte, zwei ihrer Wunschstudiengänge im Blick auf das Familienunternehmen.

Meinen Kindern habe ich diesen Satz nie gesagt. Zu sehr beschäftigte und beunruhigte mich ab den neunziger Jahren des letzten Jahrhunderts die Schnelllebigkeit, die mittel- und längerfristige Planungen über Jahre immer mehr erschwerten. Das Gefühl, die Zukunft als Horizont verloren zu haben, trieb mich in diesen Jahren um. Als Ergebnis schrieb ich 2014 mein erstes Buch: »Zeitsprung - Gemeinde 2030: Erzählung aus der Zukunft der Kirche«. Ich habe unsere drei Kinder vor einiger Zeit gefragt, ob sie jemals von uns gehört haben:»Ihr sollt es einmal besser haben als wir!« Sie haben das verneint. Auf die Nachfrage, ob sie sich an einen anderen Satz erinnern können, den wir ihnen als Rahmen und Horizont und vielleicht auch als Aufgabe mitgegeben haben, kam als Antwort: »Du kannst alles machen, was Du möchtest, egal was es ist, wir stehen hinter Dir.« Das war eine Antwort, die mich berührt, aber auch nachdenklich gemacht hat. Ich fragte mich, ob sich hier verborgen das Individualisierungsparadigma dieser Jahrzehnte ausspricht: So etwas wie Zukunft gibt es nicht wirklich, also zählt nur das Heute. Es macht keinen Sinn, für morgen und übermorgen zu streiten, konzentriere dich auf dich, lebe hier und jetzt. Es ist aus meiner Sicht Teil der Wahrheit und der Aufarbeitung des heutigen linearen Wachstumsparadigmas, dass sich meine Generation eingestehen muss, in diesen Jahren bewusst die Augen verschlossen zu haben vor den dunklen Wolken, die sich am Horizont bereits abzeichneten. Der Psychoanalytiker Wolfgang Schmidbauer hat schon 1995 ein Buch geschrieben mit dem Titel: »Jetzt haben, später zahlen. Die seelischen Folgen der Konsumgesellschaft.« Er hat Recht, wir haben auf Kredit gekauft, und nun wird allmählich die Rückzahlung fällig. Aber das gilt nicht nur für die seelischen Folgen, wir haben als Gesellschaften auf Pump bei dem Planeten gelebt, mit dem wir untrennbar verbunden sind, die Rückzahlung wird fällig und wir stellen fest, eigentlich sind wir pleite. So suchen wir rastlos, weitere »Kredite« aufzunehmen, um aus lauter Angst vor Veränderung und Wandel das alte System am Laufen zu halten, und zerstören auf diesem Weg mehr und mehr die Lebensgrundlagen.

Es ist schon lange überfällig, gedanklich und vor allem emotional mit dem linearen Wachstumsparadigma der letzten Jahrzehnte zu brechen, als Voraussetzung für einen äußeren Wandel. Der Gedanke des Fortschritts, des Aufstiegs, des Immer-besser-durch-immer-mehr ist tief in die Menschen mindestens der westlichen Industriegesellschaften eingebrannt. Andere Regionen unserer Erde streben nach dem gleichen Wohlstand, der auf der Vorderseite unglaubliche Verbesserungen des Lebensstandards mit sich gebracht hat, aber eben auf Kosten anderer. Aber auch in Zukunft werden Menschen lieben, feiern, reisen, essen, Musik und Sport machen usw. Der Wandel hat begonnen und er kann nach und nach geschehen mit der Möglichkeit einer allmählichen Umgewöhnung, verbunden mit der Gefahr, dass notwendige Entwicklungen auf die längere Bank geschoben werden. Es entspricht der Sehnsucht vieler, es möge doch alles so bleiben, wie es ist, Veränderung macht Angst. Der Bruch kann aber auch sehr schnell kommen und ist dann meist verbunden mit Leid und Schmerz. Dies hat die Flutkatastrophe im Juli 2021 im Westen Deutschlands gezeigt. Für viele Menschen werden sich in den betroffenen Gebieten die Existenzen komplett verändern. Auch die Pandemie hat gezeigt, wie schnell es gehen kann – und zwar in beide Richtungen, in Richtung der Einschränkungen genauso wie in Richtung der Möglichkeiten. Dabei sind Entwicklungen auch hier zwiespältig. Die Entwicklung des Impfstoffs innerhalb eines Jahres ist eine großartige technologische Leistung, die weltweite Verteilung ein Debakel.

Ich teile die Perspektive von Ortwin Renn, dem wissenschaftlichen Direktor des Instituts für Transformative Nachhaltigkeitsforschung in Potsdam:

»Vielleicht ist auch die Grunderzählung der Menschheit an ein Ende gekommen. Über Jahrhunderte sagten ja die Eltern zu ihren Kindern: ›Du sollst es einmal besser haben.‹ (…) Vielleicht sind wir die Generation, die den Höhepunkt erreicht hat.« (zitiert bei Reimer & Staud 2021, 340f.)

Wir sind an einem Punkt, an dem es mit dem linearen Zuwachs an Wohlstand nicht mehr so weitergehen kann und wird wie in den letzten Jahrzehnten. Ich vertrete aber die These: »Ihr sollt es einmal besser haben als wir«, dieser Satz kann auch in Zukunft motivieren, wenn es gelingt, ihn transformiert wiederzubeleben. Und zwar für uns als Eltern und Großeltern im Blick auf die Zeit und die Möglichkeiten, die wir noch haben, an einer besseren Welt mitzuarbeiten, zugleich für die Generation unserer Kinder und Enkel:innen durch die Hinwendung zu einer lohnenswerten und gestaltbaren Zukunft. »Besser haben« meint nicht mehr immer höher, immer mehr, immer weiter, sondern immer schöner, immer mehr in Beziehung, immer zirkulärer, immer mehr im Einklang. Dazu gehört, schonungslos und ehrlich, die Analyse der jeweiligen Gegenwart, der eigenen Geschichte, der Werte und Prinzipien, denen wir bislang gefolgt sind, die Aufdeckung der Zwiespältigkeiten, der Abhängigkeiten im heutigen System, das von Menschen erdacht und gemacht ist, aus dem aber auch niemand einfach aussteigen kann. Zugleich muss in diesem neuen »Besser« realistisch erneut mit der Zwiespältigkeit menschlicher Existenz gerechnet werden, wir sind Wesen zwischen Gut und Böse, wir sind zu unglaublich kreativen, schönen, hilfreichen Dingen ebenso fähig wie zu unglaublich erschreckenden, zerstörerischen und unmenschlichen Dingen. »Besser« bezieht sich daher nicht auf die Vorstellung, dass Menschen bessere Menschen werden könnten, sondern auf die grundlegenden Beziehungen und Lebensgewohnheiten unter Einschluss der genannten Doppelgesichtigkeit der Menschheit.

Ortwin Renn spricht in dem erwähnten Text von der Aufgabe, ein Klimaanpassungsnarrativ zu entwickeln. Dazu gehört für ihn zu beschreiben, worin die gefährlichen Entwicklungen und möglichen Konsequenzen der Erderwärmung bestehen, und zugleich aufzuzeigen, wie unsere pluralistische und auf Respekt und Wertschätzung ausgerichtete Gesellschaft erhalten werden kann. Diese Herausforderung umfasst für mich mindestens drei Ebenen: Wahrnehmung und Analyse der aktuellen mentalen Infrastrukturen, Suche nach einem neuen Leitbild und die Frage nach einem motivierenden

Narrativ. Letzteres könnte lauten: »Ihr sollt es einmal besser haben als wir!« Leitbild und Anleitung zur Dekonstruktion finde ich dagegen im Gedanken einer Gesellschaft, die sich an Kreisläufen oder Zirkularität orientiert.

Vor längerer Zeit stieß ich auf das Konzeptpapier der Hans Sauer Stiftung »Wege zu einer Circular Society« (2020). Kreislaufgesellschaft, was für eine interessante Idee, dachte ich. Dort heißt es thesenartig, dass der Gedanke einer Kreislaufwirtschaft um eine gesellschaftliche Dimension erweitert werden muss, um zum einen das transformative Potenzial von Zirkularität in vollem Umfang nutzen zu können und zugleich den notwendigen, auch soziokulturellen Wandel zu verstehen und angehen zu können – und auf diese Weise das lineare, funktionale und sektorale Denken des gegenwärtigen Zeitalters überwinden zu können.

Nun, von Kreislaufwirtschaft ist schon lange die Rede. Hier starteten nun einige den Versuch, die Prinzipien einer Kreislaufwirtschaft auch auf gesellschaftliche Prozesse zu übertragen. Das Papier legt dabei ein besonderes Augenmerk auf eine partizipativ angelegte Etablierung kreislauforientierter und -fähiger gesellschaftlicher Praktiken und neuer Formen gesellschaftlichen Denkens und Handelns, jenseits der sektoralen und funktionalen Trennlinien und der soziokulturellen Muster, die sich im linearen Zeitalter herausgebildet haben. Denn, so lautet die These, eine Circular Society wird nur erfolgreich sein können, wenn sie auf Kooperation, Beteiligung und partizipative Lösungsentwicklung, neue Produktion und Teilen von Wissen, Transparenz, Zugänglichkeit und Solidarität setzt.

Das Konzept der Zirkularität klingt einfach und auf den ersten Blick überzeugend und anregend, eine wichtige Bedingung, die Leitbilder erfüllen müssen. Menschen brauchen, finden und nutzen solche Bilder, die sie emotional im Herz bewegen und zu Denken und Handeln motivieren. Allerdings sind Bilder grundsätzlich mehrdeutig, sie benötigen die begleitende Erläuterung.

Daher muss auch das Bild des Kreislaufs dort, wo es verwendet wird, kritisch geprüft und abgeklopft werden. Was verbindet sich konkret mit den Vorstellungen einer Kreislaufwirtschaft, einer Kreislaufgesellschaft? Was oder wer läuft da im Kreis, soll im Kreis laufen und warum? Wer hält den Kreislauf in Gang, oder läuft er von allein? Ist das alles nicht völlig banal? Eigentlich läuft doch alles und jedes in den natürlichen Prozessen im Kreis, vom Blutkreislauf angefangen über den Kreislauf der Jahreszeiten bis hin zum ewigen Werden und Vergehen aller lebendigen Wesen?

Solche Fragen sind unverzichtbar, um den gewünschten Prinzipien zum Durchbruch zu helfen und nicht unbewusst andere, alte oder neue Parameter (weiter) zu transportieren. Spätestens dann, wenn der schöne Begriff des Kreislaufs eines Tages so viel begeisterte Zustimmung erhalten sollte, dass er von dann an das Schicksal vieler Worte teilt, die irgendwann im Mainstream verwendet werden – sie werden bis zur Unkenntlichkeit verschliffen, abgemildert, entkernt oder auch bewusst gegen die ursprüngliche Intention eingesetzt durch eine allmähliche sprachliche Umdeutung der ursprünglichen Intention. Das kann aktuell beobachtet werden an Begriffen wie New Work, Purpose oder Agilität in der Arbeitswelt und in der Gesellschaft bei dem Begriff des Klimawandels, der hier den Begriff der Nachhaltigkeit abgelöst hat.

Ja, leider lässt sich auch das Bild des Kreislaufs bewusst und gezielt oder unbewusst verdeckt romantisch missverstehen, und das redet dann die Härten und den Schmerz des Wandels schnell klein. Die Gefahr besteht, dass eine zirkuläre Gesellschaft am Ende nichts Neues schafft, sondern das Alte nur mit neuem Anstrich versieht. Die alte Gesellschaft läuft dann im Kreis weiter oder dreht sich nur im Kreis. Der über unser heutiges lineares Wachstumsparadigma hinausführende kreative und innovative Neuansatz bleibt dann auf der Strecke, das Leben und Wirken auf Kredit wird lediglich mit hübschen Instagramposts oder Hochglanzbroschüren zur angeblich angestrebten Kreislaufwirtschaft oder -gesellschaft übertüncht und fortgesetzt, die Probleme und Folgen holen uns alle dann früher und später und vermutlich viel dramatischer wieder ein...

Einen Hinweis darauf, dass das Bild des Kreislaufs kritisch auf die darunter liegenden Prinzipien befragt werden muss, finde ich im – keinesfalls neuen – Konzept Cradle-to-Cradle. Michael Braungart und seine Mitstreiter:innen stellen die Frage, ob wir nicht viel zu kurz und klein denken, wenn wir uns lediglich die Einhaltung des 2-Grad-Ziels vornehmen oder die Reduzierung des CO2-Ausstosses. Wäre es nicht lohnender, notwendiger und auch in vielfacher Weise herausfordernder, der Natur etwas zurückzugeben (Braungart 2013, 43-56)?

Das Bild des Kreislaufs ist geeignet, das lineare Denken aufzubrechen, denn im linearen Zeitstrahl verschwindet die Vergangenheit aus dem Blick. Was hinten liegt, ist vergangen, ist alt und weniger wert als das Neue, welches als besser angesehen wird. Zurückgeben von dem, was ich entnommen habe, ist ein Gedanke aus dem zirkulären Denken, hier wird die Frage nach gut und schlecht, alt und neu und die damit verbundenen konkreten Wertungen von Vorgehen, Produkten, Dienstleistungen, Einstellungen neu gestellt. Gut ist dann vielleicht nicht mehr das neue, sondern das besonders lange haltbare Produkt. Schlecht nicht mehr das iPhone aus dem letzten Jahr, sondern gerade das neue aus diesem Jahr, weil es weiter Ressourcen entnimmt und nichts zurückgibt. Stelle ich mir vor Augen, wie stark das aktuelle Wirtschaftssystem daraufsetzt, dass Bedürfnisse nach dem je neuen Produkt geweckt werden, das ich unbedingt haben muss, um mich besser zu fühlen, wie das Jens Beckert in seinem Buch »Imaginierte Zukunft« beschrieben hat, dann wird die ungeheure Herausforderung erkennbar, hier mentale Kulturen zu verändern. Und das obwohl, wie Jens Beckert ebenfalls beschreibt, uns allen der Kater wohlvertraut ist, wenn ich das Objekt meiner Begierde endlich in Händen halte. In diesem Moment ist es schon weniger wert als davor, der Kreislauf (!) beginnt von neuem. Vielfach muss ich nun aber zuvor den Kredit bedienen, den ich aufnehmen musste und der mich im Wirtschaftskreislauf (!) hält, oft auch in ungeliebten oder mehr oder weniger sinnlosen Jobs (Beckert 2018, 322-331).

Bilder sind immer mehrdeutig und daher interpretationsbedürftig, aber neue Narrative können nicht auf Bilder verzichten. Das Bild des Kreislaufs bricht mit dem Narrativ des Fortschritts, des Aufstiegs, der größeren Unabhängigkeit von den Widrigkeiten der Natur. Da sind wir am Ende, schon lange gibt es die Beobachtung, dass die Wirtschaft weithin nur noch Produkte entwickelt, die nicht wirklich Neues bringen, aber Ressourcen verschwenden. »Ihr sollt es einmal besser haben als wir« spannt dann einen neuen Horizont auf: Ihr müsst nicht ein Leben lang hinter den Zielen und Wohlstandversprechen eurer Eltern und Großeltern hinterherrennen, ihr könnt Produkte und Dienstleistungen ganz neu entwickeln. Zum Beispiel unter dem Vorzeichen von Cradle-to-Cradle, dass das Produktdesign schon von der Idee her auf Kreislauf ausgerichtet werden kann. Nicht nur im Blick auf Produkte oder Dienstleistungen, sondern auch auf das soziale Leben.

Dann geht es nicht um Verzicht, sondern um Einklang, weil der Denkrahmen ein anderer ist.

Für Menschen meiner Generation ist das alles schwer vorstellbar, zu tief sind die mentalen Infrastrukturen des Fortschrittsglaubens in uns eingebrannt. Für uns klingt das wie Verzicht, und das macht zugleich die Schuld sichtbar, denn im Begriff des Verzichts steckt implizit die Einsicht, dass hier Wege beschritten wurden, die uns rückblickend mittel- und langfristig in die Irre geführt haben. Obwohl spätestens seit 1970 die heraufziehenden Folgen der Erderwärmung weltweit bekannt und beschrieben waren, hat die Menschheit fünfzig Jahre weitergemacht.

Das Bild einer Gesellschaft, die sich an Zirkularität ausrichtet, öffnet in der Frage der inneren Haltung den Horizont zugleich in Richtung einer Entspannung. Es gilt nicht mehr danach zu streben, nach vorne oder nach oben zu kommen. Kooperation und Gegenseitigkeit wird wichtiger als Konkurrenz, ersetzen diese aber nicht, denn Konkurrenz ist auch immer eine Antreiberin von Innovation, und davon werden wir viel brauchen. Aber in Kreisläufen zu denken, bedeutet eben auch, im Blick auf den eigenen Lebenslauf von dem Zwang lassen zu können, dass es immer aufwärts und vorwärts gehen muss auf der Karriereleiter, mit dem Gehalt usw. Der Gedanke der Zirkularität orientiert sich mehr am Kreislauf der Jahreszeiten als am Wachstum. Wachstum an sich ist nicht schlecht, die ganze lebendige Welt lebt vom Wachsen, aber auch vom Vergehen, und dies in einer zyklischen Weise. In der Natur gibt es kein endloses Wachstum, nur Krebszellen leben in dem Wahn, immer mehr wachsen zu können, und zerstören sich am Ende selbst, kehren doch zurück in den Kreislauf der Regeneration. Gigantische Herausforderungen stehen hier an, nicht allein die Krebsgeschwüre zu erkennen und zu bekämpfen, sondern das gesamte Leben in seinen vielen Ebenen nicht mehr an Fortschritt und Wachstum auszurichten, sondern am Kreislauf des Werdens und Vergehens, an Aufbruch und Abbruch, beginnen und beenden. Und ich spüre bei mir, neu anfangen, aufbrechen, das finde ich toll, aber beenden und abbrechen, davon will ich wenig wissen, das schiebe ich weit weg von mir, das tut weh. Eine sich an Zyklen, an zirkulären Prozessen ausgerichtete Gesellschaft wird nicht umhinkommen, das durchzubuchstabieren, auf allen Ebenen des Lebens, auf der persönlichen Ebene, der Ebene der Nahbeziehungen, der Quartiere und Orte, der lokalen, regionalen, staatlichen, europäischen, globalen Ebene. Bei aller Größe der Herausforderung, die mir den Atem stocken lässt, mein Bauchgefühl sagt mir, in die Richtung kann und muss es gehen, es lohnt sich, damit die Vision wahr wird: »Ihr sollt es einmal besser haben als wir!«

So weit, so gut. Ich frage noch einmal: Ist das Bild des Kreislaufs wirklich geeignet, als Leitbild für eine künftige Gesellschaft zu gelten? Was ist daran neu, worin liegt der Mehrwert? Und wie steht es um die Gefahr, den Kreislauf aus einer oberflächlichen Betrachtungsweise heraus misszuverstehen? Besteht nicht die Natur, zu der wir als Menschen gehören, immer schon aus Kreisläufen? Auch die Rohstoffe, die der natürlichen Mitwelt entnommen wurden und in einem technologischen Kreislauf zu Plastik umgestaltet wurden, laufen doch zurück, allerdings ist die Zeitdauer dieses Kreislaufs extrem lang; und in der Zwischenzeit hindert und zerstört die Mikroplastik die Kreisläufe in den Weltmeeren, aber in hunderttausend Jahren ist es dann doch so weit. Was also ist neu und kann handlungsleitend werden? Welche Eigenschaften müssen diese Kreisläufe besitzen, wie müssen sie gestaltet werden, um dem Ziel näher zu kommen, dass es künftige Generationen einmal besser haben werden als wir? Bei der Suche nach Antworten hilft mir Eva von Redecker.

Die Welt ist ein Ensemble von Gezeiten. Sie setzt sich aus Kreisläufen zusammen, in denen das Leben Materie transformiert. Menschliche Arbeit kann lebendige Zyklen bewusst reproduzieren; aber das Leben regeneriert sich auch natürlich, das heißt ohne externe Zielvorgabe. Die Kreisläufe sind unendlich verwoben, sie erstrecken sich über ganz unterschiedliche Zeitspannen – Atemrhythmen, Vegetationsperioden, Produktionszyklen. So beschreibt Eva von Redecker das grundlegende Verständnis von Zirkularität.

Für sie ist der Gedanke des Eigentums der Kern des Kapitalismus unserer Tage, der diese »natürliche« Zirkularität nach und nach verändert, okkupiert und zerstört, denn Eigentum bedeutet abgrenzen und abzirkeln. Mit der Idee des Eigentums ist allmählich, aber unaufhaltsam der Gedanke entstanden, über etwas anderes bedingungslos und scheinbar folgenlos verfügen zu können, bis hin zur Zerstörung. Es ist die lebendige Natur, die Zyklen schafft, in denen alle Teile in Bewegung bleiben und sich immer wieder neu in regenerierende Kreisläufe einspeisen. Der Kapitalismus zapft daraus nur partiell etwas ab und schert sich nicht um den Gesamtzusammenhang. Sein Ziel ist ein anderes: schneller, konkurrenzgejagter Profit. Überall, wo dieser Trichter angesetzt hat, bleiben Unmengen von Abfall zurück (Redecker 2021, 64).

Die Herausforderung lautet, solidarisch mit der Klimakrise umzugehen, unter Menschen solidarisch, aber auch mit der natürlichen Um- und Mitwelt. Es gilt nicht nur das Ziel zu verfolgen, ab jetzt möglichst besser zu wirtschaften, nicht noch mehr zu zerstören, sondern es gilt auch zu heilen, Zerstörung zu beseitigen. Ansätze gibt es längst in der Renaturierungsökologie, die zum Beispiel Flüsse und Bäche wieder aus ihren Betonbecken holt – aber hier immer noch zuerst am Nutzen für uns Menschen orientiert ist, am Hochwasserschutz beispielsweise. Aufgabe und Ziel liegen darin, zu heilen um des Heilens der zerstörten Mitwelt willen, in Verbundenheit und Balance, nicht aus dem Gedanken des Nutzens für uns Menschen.

Stelle ich mir dies vor Augen, wird die Richtung deutlich, in die sich eine an Zirkularität ausgerichtete Gesellschaft orientieren kann und muss. Es geht um Verbundenheit und Gegenseitigkeit, um Balance und Augenhöhe, das Verständnis, der Natur nicht gegenüberzustehen, sondern Teil von ihr zu sein. Eine zirkuläre Gesellschaft sucht den Einklang mit den Kreisläufen der natürlichen Mitwelt, sucht zu regenerieren, zu teilen, zu pflegen, zurückzugeben und zu heilen, kurz: weltwahrend zu agieren. Es geht um eine Zirkularität, die nicht abzirkelt, nicht von der Trennung lebt, nicht auf Zäune setzt, die zwischen mein und dein unterscheiden.

Am Ende ist das heilsam, für alle, auch für die Menschen. Dazu muss der Gedanke des Eigentums in Frage gestellt werden. Das wird schwer, zu tief ist mein und dein in unseren mentalen Infrastrukturen verankert, wir können uns ein Leben ohne Eigentum nicht vorstellen, obwohl wir wissen, dass wir mit nichts in diese Welt gekommen sind und mit nichts wieder gehen werden, zurück in den Ressourcenkreislauf des Werdens und Vergehens. Was vielleicht bleiben wird, sind Erinnerungsspuren bei unseren Familien oder dort, wo ich gewirkt habe, aber da geht es nicht um materiellen Besitz und Eigentum, sondern um geistiges Erbe, das andere nutzen können. Dennoch, nichts mehr zu besitzen, alles gemeinsam zu nutzen, ist heute weithin unvorstellbar, auch für mich. Aber wir können träumen, Utopien und Visionen entwickeln, Geschichten von einer Welt, die heute nur noch in Köpfen und Herzen existiert, aber in denen unsere Kinder und Kindeskinder einst leben können. Die Menschheitsgeschichte ist voll von solchen Visionen, die Menschen angetrieben haben, und das macht mir Mut und Hoffnung, bei allem, was da so Tag für Tag an Grausamkeit, Verzweiflung und Zerstörung über die Bildschirme mein Herz erreicht und es schwer werden lässt.

Mit diesem Blick auf die Idee einer solchen künftigen zirkulären Gesellschaft im Einklang ist der Kreislauf als Leitbild geeignet. Er ist anschaulich, eingängig, emotional anschlussfähig. Wie jedes Bild muss auch dieses eingebunden werden in entsprechende begleitende Narrative, weil Bilder immer missverständlich sind und missbraucht werden können. Die Gedanken von Eva von Redecker machen das Potenzial, aber auch die riesenhafte Herausforderung deutlich, vor der eine Gesellschaft steht, die ahnt, spürt und weiß, dass sie sich wandeln muss. Am Beispiel des Abfalls gehe ich diesen Gedanken exemplarisch in einem anderen Essay in diesem Band nach.

Das Bild einer auf Gegenseitigkeit und Regeneration ausgerichteten zirkulären Gesellschaft kann wie Sauerteig wirken, wenn es sich verbreitet, in kleinen Schritten, aber unaufhaltsam. Dazu braucht es Menschen, die einerseits den Mut haben, sehr genau die zerstörerischen Wirkungen des alten Leitbilds einer linearen Wachstumsgesellschaft zu erkennen und zu benennen, anderseits aber ebenso mutig zu träumen, in Worte zu fassen, wohin der Weg gehen könnte, damit die Generation der Kinder und Enkelkinder es einmal besser hat als wir.

Literatur:

Beckert, Jens (2018): Imaginierte Zukunft. Fiktionale Erwartungen und die Dynamik des Kapitalismus, Berlin

Braungart, Michael/McDonough (2013) Intelligente Verschwendung. The Upcycle: Auf dem Weg in eine neue Überflussgesellschaft, München

Hans-Sauer-Stiftung (2020): Wege zu einer Circular Society. Potenziale des Social Design für gesellschaftliche Transformation [https://socialdesign.de/wp-content/uploads/2020/04/200420_HSS_Paper_Circular-Society_online.pdf; 28.09.2021]

Jung, Matthias (2014): Zeitsprung - Gemeinde 2030: Erzählung aus der Zukunft der Kirche, Jena

Redecker, Eva von (4. Auflage 2021): Revolution für das Leben. Philosophie der neuen Protestformen, Frankfurt am Main

Reimer, Nick/Staud, Toralf (2021): Deutschland 2050. Wie der Klimawandel unser Leben verändern wird, Köln

Schmidbauer, Wolfgang (1995): Jetzt haben, später zahlen, Reinbeck

Abfall oder: Wem gehört die Welt?

Unsere Welt erstickt im Abfall. Unmengen werfe allein ich jeden Tag weg. Der Weg mit den Abfalltüten zu den großen Containern im Müllkeller macht mir regelmäßig Bauchschmerzen. Irgendwie tut es gut, wenn dann die Tür hinter mir ins Schloss fällt, er ist wieder mal weg, der ganze Müll.

Die auf unserem Planeten stetig weiterwachsenden Abfallberge erschweren Mensch, Tier und Pflanzen zunehmend zu leben. Mikroplastik findet sich in den Meerestieren, illegale Müllentsorgung verseucht das Grundwasser und so weiter und so fort. Es ist eine schier unendliche, unfassbare Praxis, die wir uns als Menschheit angewöhnt haben. Doch das Entsetzten allein löst keinen Veränderungsimpuls aus, denn bei näherer Betrachtung zeigen sich unzählige Zielkonflikte, die nicht einfach nach richtig oder falsch aufzulösen sind. Einige Beispiele.

Wer fragt in der Covid-19-Pandemie nach dem Abfallberg, der durch die unfassbare große Menge an Masken, Impfspritzen und Schnelltests Tag für Tag entsteht, nichts davon mit dem Grünen Punkt ausgestattet. Was ist wichtiger, Gesundheit oder – Gesundheit?

Meine Frau und ich leben in einer kleinen Wohnung in der Mitte von Hannover. Vorratshaltung ist kaum möglich. Durch viele kleine Einkäufe fällt eine Menge Verpackungsmaterial an. Was ist umweltverträglicher: Kleine Wohnungen mit vielen verpackungsunfreundlichen Einkäufen oder größere Wohnungen mit mehr Möglichkeiten zur Vorratshaltung?

Im August lief ich zusammen mit 15.000 anderen Frauen und Männern den Halbmarathon in Berlin. Jede:r von uns nutzte über die Strecke, sagen wir, im Schnitt vier Trinkbecher aus Plastik an den zahlreichen Stationen, das macht in der Summe 60.000 Becher. Der Ton hat sich mir tief eingegraben, wenn ein Laufschuh auf einen bereits auf der Strecke liegenden Becher trifft. Er signalisiert mir, dass ich gleich die nächste Trinkstation erreiche, und begleitet mich anschließend noch hundert Meter weiter. Ein Laufevent ist ein großartiges Erlebnis, es verbindet Menschen, viele Events sind auch verknüpft mit Charity-Aktionen und im Schnitt tun die Läufer:innen etwas für ihre Gesundheit. Auf der anderen Seite stehen die Plastikbecher, ohne zu trinken, ist solch ein Lauf nicht möglich.

Eine Gesellschaft, die sich künftig an zirkulären Vorstellungen ausrichten möchte, hat ein Müllproblem, sachlich wie emotional. Die Herausforderung besteht darin, zunächst die heutigen zumeist unbewussten kulturellen Wertungen überhaupt zu erkennen, die aus einem Produkt Abfall machen, und in einem zweiten Schritt Umwertungen vorzunehmen und diese in die prägenden Gewohnheitsmuster einzuweben.

Abfall werfe ich weg, Abfall ist überflüssig. Abfall will ich nicht mehr sehen, Abfall stinkt und ist dreckig. Allein schon die Worte Müll oder Abfall bauen eine emotionale Distanz zwischen mir und dem auf, was ich nicht mehr brauche. Das kann vor fünf Minuten noch ganz anders gewesen sein. Solange das Toilettenpapier sauber und unbenutzt ist, ist es kein Abfall. Oder der zerschlissene Duschvorhang, der zehn Jahre alte Staubsauger. Sie alle sind so lange von Wert für mich und gehören zu mir, bis ich sie ersetze und in der Regel etwas Neues kaufe. Der Duschvorhang »an sich« hat sich nicht verändert, nur meine Bewertung im Kopf und im Gefühl. Noch schneller geht das beim Coffee-to-go Becher. Eben noch halte ich ihn mit Freude in der Hand, ist der Cappuccino getrunken, ist der Becher lästig, klebt und ist schmutzig. Der muss weg, bäh.

Rund um den Abfall existiert eine ganze Sprachwolke. Es gibt Mülleimer, Mülltonnen, Müllabfuhr, Sperrmüll, Müllkippen, Abfalldeponien. Es gibt Mülltrennung, das ist beruhigend, denn da tue ich noch etwas Gutes beim ent-sorg-en. Das gute Gefühl verstärkt sich noch, wenn ich meinen Elektromüll und die abgelaufenen Batterien zum Wertstoffhof fahre. Wertstoffhof, ein völlig zutreffender Name, der heraussticht aus der Sprachwolke, da er positiv besetzt ist. Ja: Abfallwirtschaft ist vielfach längst Recyclingwirtschaft, hier ist der Kreislaufgedanke implementiert, wenn auch am Ende vieles, was im Wertstoffhof abgegeben wird, nicht wieder in den Produktionskreislauf zurückkehrt. Der konkrete Umgang mit dem Abfall hängt heute davon ab, welche Kosten mit seiner Entsorgung verbunden sind beziehungsweise in welchem Umfang die Möglichkeit besteht, in betriebswirtschaftlich sinnvoller Weise Abfall so zu sortieren und zu bearbeiten, dass die gewonnenen Ressourcen wieder in den Produktionskreislauf zurückgeführt werden können. Ansonsten bleibt das Verbrennen oder der Mülltransfer in andere Regionen auf unserem Planeten oder das Verrotten im Wald, wenn sich nicht einmal im Jahr eine ehrenamtliche Säuberungskolonne aufmacht und erbarmt.

Es gibt noch eine weitere Form der Mülltrennung. Verführerisch und weitverbreitet ist der Gedanke: Ich bin besser als andere, da ich meinen Müll ordentlich trenne und entsorge. Oder ich denke im Urlaub: In Deutschland sieht es aber nicht so dreckig aus wie hier in Griechenland, wie verschmutzen die denn hier ihre Umwelt! Andere sagen sich, ich lebe auf dem Land, bin der Natur nahe, kompostiere und lebe erheblich von Selbstversorgung, aber die in der Stadt! Mülltrennung macht deutlich, es gibt wertvollen und wertlosen Abfall, die »besseren« Menschen wissen das und handeln entsprechend, aber die anderen nicht, wie können die nur, diese Umweltsünder:innen...!

Müll trennt Menschen, Müll trennt aber auch Mensch und Umwelt. Müll schafft und vergrößert die Distanz zur Um- oder Mitwelt, weil die Beziehung langfristig gestört wird. Plastik wird mittlerweile mehr und mehr im Mainstream zum Symbol für diese Beziehungsstörung. Ein aus technologischen Kreisläufen stammendes Produkt braucht Jahrtausende, um wieder zu zerfallen und erneut in natürliche Kreislaufprozesse eingebunden zu werden. So lange wirkt es nach kurzem Nutzen für Menschen vielfach schädlich für die Umwelt und nimmt vielfach als Mikroplastik den Weg auch in Kreisläufe des menschlichen Körpers, mögliche Schäden nicht ausgeschlossen. Plastik ist von vornherein und ausschließlich an menschlichen Bedürfnissen und menschlichem Nutzen ausgerichtet. Es ist praktisch und einfach, sicherer handhabbar und (zunächst) oft gesünder als andere Materialien. Das Produktdesign überlegt selten, was hinterher damit geschieht.

Zu einer vollständigen Wahrnehmung der Infrastruktur des Abfalls gehört zuletzt die schmerzhafte Wahrheit, dass in den westlichen sogenannten Industrienationen unendlich viel mehr Müll anfällt als in anderen Gegenden der Welt. Ein Kind, das in einem Industrieland geboren wird, hinterlässt innerhalb der ersten sechs Lebensmonate (!) so viel Abfall wie ein Mensch in einem Entwicklungsland in seinem ganzen Leben.

Eine düstere Bestandsaufnahme.

Ein klein wenig Hoffnung macht mir die Tatsache, dass diese zivilisatorische Angewohnheit noch nicht so lange ins kulturelle Gedächtnis eingewoben ist.

Im 19. Jahrhundert gab es weitgehend einen anderen Umgang mit dem, was übrigblieb oder nicht mehr gebraucht wurde: »Frauen verkochten Essensreste zu Suppe oder verfütterten sie an Haustiere; Hühner zum Beispiel fraßen fast alles und revanchierten sich mit Eiern. Langlebige Güter wurden an Menschen aus anderen Schichten oder Generationen weitergegeben oder auf Dachböden und in Kellern für eine spätere Nutzung gelagert. Gegenstände, die Erwachsene nicht mehr benötigten, gingen als Spielsachen an Kinder.« (Susan Strassner, zitiert bei Mauch 2018, 4f.)

Die Geschichten von Lumpen- und Urinsammler:innen sind noch bekannt, der schonende und wertschätzende Umgang zum Beispiel mit Kleidung wie Hosen, Schuhen und Jacken ist teils noch in den Erzählungen der Großelterngeneration direkt erfahrbar oder in entsprechenden Bild- und Textzeugnissen nachvollziehbar. Hier ist nach wie vor der Gedanke der Zirkularität lebendig. Es geht anders, wir können das schaffen.

Transformation gelingt nur, wenn ich auch auf die dunklen Seiten schaue – und Müll gehört definitiv dazu, weil er als schmutzig, eklig und stinkend gilt und einen Wert nur für die Abfallwirtschaft darstellt. Bei der Transformation dessen, was ich als Müll oder Abfall wahrnehme, geht es in erster Linie weder um Recycling noch um Vermeidung, so wichtig und richtig beides ist. Es geht um einen neuen »Fühlraum«, in dem Denken und Handeln integriert werden können. Denn zuallererst sind die Gefühle da. Ich lerne die verschiedenen Formen der Müll-Trennung von klein auf und sie werden mit Emotionen verbunden, das ein und andere ist bäh und igitt, dreckig und eklig, wobei, zur Erinnerung, der Weg von wertvoll zu wertlos kann in Sekunden beschritten werden.

Eine sich an Zirkularität ausrichtende Gesellschaft steht vor der Aufgabe, das Narrativ vom Abfall zu entlarven und ein neues zu entwickeln. Der Umgang mit dem Abfall ist einerseits ein Problem der Sprache und des Denkens, aber damit verbunden liegt direkt darunter die emotionale Ebene, die uns über Bilder steuert. Auch Bilder sind verbunden mit gesellschaftlichen Prägungen, Gewohnheitsmustern und entsprechenden Gefühlen. Durch Hinschauen, Hinfühlen einerseits und die Suche nach neuen Worten und Narrativen kann sich etwas verändern, nach und nach. Das Konzept der moralischen Revolution, das Kwame Anthony Appiah beschrieben hat (vgl. Schneidewind 2018, 26-30), zeigt auf, wie moralischer Wandel sich über verschiedene Stufen vollzieht. Geschafft hat es eine Gesellschaft, wenn Menschen beginnen, sich für ihr früheres Verhalten zu schämen. Flugscham ist ein aktuelles Beispiel. Wie entwickeln wir Abfall- oder Müllscham?

Vom Gedanken der Zirkularität her ist eine Welt anzustreben, in der es keinen Abfall mehr gibt. Wie kann solch eine Umwertung vollzogen werden? Eine Annäherung scheint mir über das Verständnis und die Rolle des Eigentums möglich. Für Eva von Redecker ist das Eigentum ein Schlüsselbegriff zum Verständnis der Situation, in der sich unsere Welt am Anfang des 21. Jahrhunderts befindet. Eigentum ist ein Begriff, der auf Trennung abzielt und nicht auf Verbundenheit. Die Geschichte zeigt, dass Zäune gesetzt wurden, um abzugrenzen. Abzirkelungen machten Dinge und Orte kontrollierbar und verfügbar – und in Folge auch Menschen. Eigentum bedeutet spätestens in der Moderne das Recht, dasselbe auch zu zerstören, Eva von Redecker spricht hier von Verfügungshoheit und Verletzungslizenz. Der heutige Kapitalismus setzt auf diesem Verständnis des Eigentums an, zerstört, trennt, tötet, entleert:

»Er ist eine viehische Wirtschaftsform. Irgendetwas muss er immer aneignen und verwerten, selbst wenn er die Kohle in der Erde ließe und CO_2 reduzierte. Jede kapitalistische Aneignung und Verwertung tendiert zu Missbrauch und Nichtigmachung. Nicht wegen der – oft allerdings beträchtlichen – Brutalität der Bosse, sondern weil es sich eben rechnet, alles aus dem Material herauszuquetschen und das Beiwerk abzustoßen. Kapitalistische Wirtschaft bricht in die raffinierten und überquellenden Kreisläufe natürlicher Regeneration mit zwei brachialen Gesten ein. Die erste ist vom modernen Eigentum diktiert und zirkelt einzelne Aspekte ab, als seien sie, was sie im Zuge dieser Behandlung häufig werden: tot. Die zweite Geste ist von der Ware diktiert und sucht nach Gewinn. Wert ist, was am Markt Profit erbringt. Die widerrufene Ware ebenso wie alles von ihr Abgetrennte – die Produktionsabfälle, die Emissionen des Transports, die Verpackungen – sind für nichtig erklärt. Der Kapitalismus kann Gewinn machen, weil er auf diese Verluste keine Rücksicht nimmt. Indem die Warenproduktion ihre Abfallstoffe einfach fallen lässt, oder zumindest möglichst günstig entsorgt, setzt sie Verlustspiralen ganz neuen Ausmaßes in Gang. Denn die wertlosen Dinge sind ja nichtsdestotrotz da« (Redecker 2021, 288f.).

Der Kapitalismus im Sinne des Fortschritts- und Wachstumsparadigmas der letzten Jahrzehnte braucht und nutzt die Möglichkeit, Abfall zu produzieren und einfach wegzuwerfen. Von daher entscheidet sich für eine künftige, im Einklang mit der Mitwelt existierenden Gesellschaft, ob und wie sie eine Wirtschaftsform schafft, die ohne Abfall auskommt. Hier gilt es, das Verständnis von Eigentum zu überdenken.

Eigentum stellt Fragen: Wem gehört der Abfall? Wem gehören die Ressourcen? Was gehört mir? Wem gehöre ich? Was ist für mich Abfall? Wer ist für mich Abfall, für wen bin ich Abfall? Für was fühle ich mich verantwortlich? Was beherrsche ich, was beherrscht mich? Die Frage nach dem Eigentum geht tief und berührt viele Schmerzpunkte, weil sie an meine Identität rührt. Bin ich, was ich habe? Mein Buch, meine Wohnung, meine Kleider, mein Auto? Kann ich mir vorstellen, all diese Dinge zu teilen, sie gemeinsam zu nutzen? Beim Buch fällt mir der Gedanke leicht, aber Kleidung teilen? Wie auch immer, ich spüre sofort inneren Widerstand allein bei dem Gedankenexperiment, dass mir nichts mehr gehörten könnte. So tief verankert ist das Narrativ des Eigentums, ich kann mir eine Welt ohne Eigentum weder praktisch noch emotional vorstellen. Und wem das zu abstrakt ist, kann versuchen, sich eine Welt ohne Müll und Abfall vorzustellen, ich vermute, die Beschreibungen solcher Visionen oder Utopien werden sich ähneln.

Angesichts der dramatischen Veränderungen, die sich in der Klimakrise vollziehen, wird in den letzten Jahren immer mehr Menschen bewusst, dass unsere Beziehungen zur außermenschlichen Mitwelt gestört, beschädigt und an vielen Stellen zerstört sind. Früher wurde vom Verhältnis zur Natur gesprochen, ein Verhältnis eher instrumenteller Art, Menschen haben sich selbst der Natur gegenübergesehen und nicht als Teil eines Gesamtorganismus verstanden. Oder vielleicht schon auf der Ebene der Vernunft, aber nicht auf der Ebene der mentalen und emotionalen Infrastrukturen. Hier sind wir unbewusst von der Trennung, der Abzirkelung ausgegangen und haben uns vorgegaukelt, dass wir uns selbst gehören und die Natur unser Eigentum darstellt, über das ich jederzeit verfügen kann. Was mir nützt und mich schützt ist gut, alles andere nichtig und das darf ich wegwerfen.

Eine neue Sicht auf die Welt gewinne ich, wenn ich in den Spiegel schaue, den andere mir vorhalten. Im Blick auf eine veränderte Beziehung zu meiner, unserer natürlichen Mitwelt ist mir die Biologin Robin Wall Kimmerer zu einem sowohl anregenden als auch schmerzhaften Spiegel geworden:

»Wie wäre das, wenn man achtsam mit dem Leben umgeht, das für unser Leben gegeben wurde? Wenn man den Baum im Taschentuch sieht, die Algen in der Zahnpasta, die Eichen im Parkett, die Trauben im Wein; wenn man in allem den Lebensfaden zurückverfolgt und ihm Respekt zollt? Wenn man einmal anfängt, kann man gar nicht mehr aufhören, und man hat das Gefühl, dass man von Geschenken überschüttet wird. Ich frage mich, ob sich die Verbindung zu lösen begann, der Respekt verloren ging, als wir nicht mehr einfach so das Leben im Gegenstand erkennen konnten« (Kimmerer 2021, 180).

Wie in einer Spirale führt mich Robin Wall Kimmerer in ihrem Buch »Geflochtenes Süßgras« immer tiefer in ihre Gedankenwelt hinein, die so ganz anders ist als meine und die unserer Zeit. Das liegt an der Art, wie sie Geschichten aus ihrer indigenen Tradition mit Beschreibungen von Pflanzen verbindet, immer auf dem Hintergrund, wie unsere westliche Zivilisation in den letzten zweihundert Jahren verlernt hat, in Beziehung zur natürlichen Mitwelt zu leben. Sie formuliert ähnlich wie der Ansatz von Cradle-to-Cradle, geht aber noch tiefer, denn sie spricht davon, der Natur nicht nur etwas zurückzugeben, sondern Heilung sei das Ziel auf der Basis von Gegenseitigkeit und Beziehung. Heilung, das ist mehr als ein quantitativer oder qualitativer Ausgleich. Heilung anzustreben, bedeutet gleichzeitig die Erkenntnis wie Anerkenntnis, dass ein System krank ist. Dabei spricht Robin Wall Kimmerer eine Sprache, die nicht bei Trauer, Schuld, Verzweiflung und Zerstörung stehen bleibt, sondern mich hineinwebt in die Belebtheit, die Lebendigkeit alles Seienden. Das beginnt mit Respekt, dafür braucht es eine neue Sprache, welche die Löcher im Gewebe des Lebens flicken kann, wie sie poetisch sagen kann. Es gilt, das Bündnis der Reziprozität wahrzunehmen, zu achten und daraus zu leben, dies macht sie am Unterschied einer Schenkökonomie zu einer Eigentumsökonomie deutlich:

»In einer Eigentumsökonomie ist ein Geschenk umsonst, weil wir es ohne Gegenleistung erhalten, ohne Bezahlung. In der Schenkökonomie dagegen sind Geschenke nicht umsonst. Das Wesen des Geschenks ist es, dass dadurch Beziehungen entstehen. Im westlichen Denken wird Privatgrund als ›Bündel von Rechten‹ verstanden, während in der Schenkökonomie Eigentum an ein ›Bündel an Verantwortungen‹ gebunden ist« (Kimmerer 2021, 41).

Wenn ich mich heute der Natur zuwende, dann häufig aus einer romantisch-verklärenden Haltung heraus, welche die Natur erneut als Gegenüber ansieht, das mir nützen soll, diesmal in seiner Ästhetik. Der schöne Wald tut mir am Sonntag gut. Beziehungen aber leben vom Nehmen und Geben, hier ist die heutige Gesellschaft zur Mitwelt vielfach beziehungslos, sie versteht die Mitwelt als Ressource, als Rohstoff. Tiere und Pflanzen werden als Maschinen zur Erzeugung von Nahrungsmitteln angesehen und so behandelt. Der Umgang mit der Mitwelt ist davon geprägt zu fragen, was sie mir nützen kann, und sie soll mir auch nicht in die Quere kommen. Immer deutlicher wird, dass diese Haltung in eine Sackgasse geführt hat. Ziel es, Beziehungen auf der Basis einer Gegenseitigkeit neu zu verstehen, denn in so verstandenen Beziehungen gehört niemand einander. Dazu gehört eine veränderte Wahrnehmung von Mitgeschöpfen, Baum, Stein, Tier – aber auch von Technik, von Dingen, die wir Menschen geschaffen haben. Auch diese gehören uns nicht. Heilung geschieht durch die Haltung einer gleichwertigen Gegenseitigkeit, diese regeneriert die Verbundenheit, wenn die Dankbarkeit das grundlegende Prinzip wird, auch und gerade dort, wo ich Stoffe verbrauche.

Dies gilt vor allem auch für die Beziehungen zu den Stoffen und Produkten des technologischen Kreislaufs, dort, wo oft nicht auf den ersten oder zweiten Blick zu erkennen ist, welche Rohstoffe hier den natürlichen Kreisläufen entlehnt wurden. Mit Hilfe unserer unglaublichen menschlichen Begabung, Technologie zu entwickeln, haben wir Systeme geschaffen, welche uns die Natur vielfach vom Leib halten. Sie gaukeln eine vermeintliche Distanz vor, um eine ebenso vermeintliche Sicherheit zu suggerieren. Beide existieren lediglich in meinem Kopf.

Ich denke an den Roman »Blackout – Morgen ist es zu spät« von Marc Elsberg, der in einem Szenario beschreibt, was passiert, wenn für mehrere Wochen der Strom ausfällt. Vermutlich sind wir nach zehn Tagen alle weitgehend tot. Kein Wasser mehr, kein Kühlschrank, der Müll (!) stapelt sich in Wohnungen und Straßen und Krankheiten brechen aus. Wir haben Sicherheitswälle gegenüber »dem Leben« gebaut. Das hat eine Zeit lang funktioniert, die Erkenntnisse über Viren und Bakterien haben Seuchen vermindert, durch Medikamente und Abwassersysteme, um nur einige Beispiel zu nennen.

Aber Abzirkelungen, Verfügungswahn und Zerstörungslizenz haben keine Beziehungslosigkeit geschaffen, wir Menschen nehmen nur die Beziehungen nicht wahr. Paradoxerweise zeigt das Corona-Virus, dass all diese Bemühungen am Ende übersehen, was uns als Menschen gefährlich auf die Pelle rückt. Am Beispiel der Zoonosen wird für mich deutlich, dass der Versuch, sich abzusichern und abzugrenzen ins Gegenteil umschlagen kann, wenn ich eine Beziehungslosigkeit behaupte, die nicht existiert. Krank macht mich und andere, dass ich die Beziehungen nicht wahrnehme und ausblende. Vielleicht, weil ich glaube, mit Pflanzen und Tieren nicht kommunizieren zu können, weil ihnen die Sprachfähigkeit fehlt, und Menschen daher die wertvollere Existenzform darstellen, die uns zu Herrschaft über die Natur beruft. Doch dies ist ein Irrtum, die oben beschriebenen Formen der Müll-Trennung lassen sich insgesamt in der Beziehung von Mensch und Mitwelt wiederfinden.

Dabei zeigt schon der Blick in die Augen eines Hundes oder einer Katze, dass Tiere sehr wohl fähig zur Kommunikation sind, auch mit den Menschen. Wir wissen das, trennen aber auch hier schnell zwischen Haus-Tieren und anderen Tieren. Weniger offensichtlich und bekannt ist hingegen, dass beispielsweise Bäume über Pheromone Informationen über den Wind transportieren oder über komplexe Zuckeraustauschsysteme im Boden. Robin Wall Kimmerer beschreibt weitere Beispiele der Kommunikation zwischen Menschen und Pflanzen. So berichtet sie von Weiden, die von Menschen seit Ewigkeiten geerntet werden, um daraus Körbe zu flechten. Die Weiden wachsen dort besser, wo sie entsprechend geerntet wurden, es existiert offenbar ein für uns Menschen kaum wahrgenommenes Kommunikationsgefüge.

Denke ich von hier aus weiter, dann komme ich schnell zu ziemlich absurd klingenden Gedanken: Was wäre, wenn das Covid19-Virus eine »Verabredung« der natürlichen Mitwelt wäre, um uns Menschen zurückzudrängen? Einmal, weil das Maß an Zerstörung und Leid die Erde zu drastischen Maßnahmen veranlasst, zum anderen, weil genau das mittlerweile vorhandene Netzwerk an globalen Verbindungen dem Virus die Chance eröffnet, in wenigen Wochen um den Erdball zu rasen und »die Natur« dies gezielt ausnutzt? Allerdings, umgekehrt zeigt sich die ungeheure Innovationsfähigkeit des Menschen, innerhalb kürzester Zeit einen Impfstoff zu entwickeln, um die Natur wieder zurückzudrängen...

Wenn ich davon ausgehe, dass Pflanzen und andere untereinander kommunizieren, was erzählen sie sich über mich, über uns? Ich will nicht so weit gehen und von einer »Verschwörung« oder einem »Krieg« sprechen, der von der Seite »der Natur« mittlerweile gegen uns Menschen geführt wird, aber andersherum geschieht dies schon lange, die menschliche »Zivilisation« (was für ein widersinniges und euphemistisches Wort in diesem Zusammenhang) führt schon lange einen Vernichtungskrieg gegenüber Landschaften, Tieren und Pflanzen. Und in der sogenannten »Kultivierung« von Pflanzen und Tieren steckt das Wort Kultur und meint Pflege, aber auch das ist mehr als verwirrend, denn endlose Monokulturen (da ist es schon wieder!) sind eigentlich nichts anderes als Konzentrationslager, vom Gift, dass vielfach darüber verspritzt wird, ganz zu schweigen. Was wäre denn, so träume ich, wenn Mensch und Mitwelt sich zusammentun, um nicht nur das Abfallproblem anzugehen? Wenn wir den Versuch starten, mit Pflanzen zu sprechen und nach gemeinsamen Lösungen zu suchen?

Abfall und Müll sind Nomen, an ihnen hängen in unserer Sprache die zugeschriebenen Eigenschaften. Ein Stoff ist gerade im Kühlschrank noch ein Nährstoff oder ein Schutzstoff, mit dem Wechsel in den Mülleimer verändert er seine Eigenschaft und ist nichts mehr wert. Die Beziehungen dagegen werden durch die Verben angezeigt. Robin Wall Kimmerer erzählt, dass dies in indigenen Sprachen anders ist, dort zeigen die Verben die Eigenschaften an. Nun kommen wir nicht aus unserer Sprache raus, aber im Spiegel zu sehen, dass es auch anders geht, schafft kritische Distanz und regt an, über neue Sprache im Rahmen unserer eigenen vertrauten Grammatik nachzudenken.

Vielleicht könnte es in diese Richtung gehen: Wir entlehnen dankbar (!) Stoffe, gebrauchen oder verwandeln sie, gestalten sie um, weil sie zusammenwirken und sich verstärken können, und schließlich geben wir sie wieder zurück. Der gesamte Kreislauf wird dabei immer im Blick gehalten, Cradle-to-cradle ist hier mit dem Versuch eines umfassenden Produktdesigns von der Wiege bis zur Bahre auf dem richtigen Weg. Stoffe nähren, schützen, kommunizieren. Konkret kann ich fragen: Wie nähren, schützen mich Stoffe? Und umgekehrt: Wie nähre, schütze ich Stoffe? Die Bedeutung für das Verständnis von Abfall liegt auf der Hand: Wenn die Eigenschaft nicht mehr am Stoff hängt, gibt es keinen Abfall mehr, sondern nur noch Stoffe, mit denen ich mehr oder weniger achtsam und regenerierend umgehe.

Gleichzeitig ist darauf zu achten, dass es in dieser sprachlichen und praktischen Zuwendung zur natürlichen Um- und Mitwelt nicht unter der Hand zu einer latenten Abwertung des technologischen Kreislaufs kommt. Die Gefahr eines romantisierenden oder ideologisch gefärbten Umgangs mit den mitweltlichen Ressourcen stellt sich schnell, führt aber in die Irre. Denn eine Fähigkeit des Menschen ist es, die Gestalt von Stoffen in besonderer Weise zu wandeln. Im natürlichen Prozess geschieht das ständig, bei der Aufnahme und Verarbeitung von Nahrung zum Beispiel, beim Ein- und Ausatmen. Der Wandel ist im Kreislauf angelegt, die menschliche Fähigkeit zu transzendieren, erlaubt aber spezifische und einmalige Formen des Gestaltwandels. Die Erfindung des Rads gilt hier als Meilenstein, das Rad ist ein Werkzeug, dass Stoffe in einer Form anordnet, um bestimmte Zwecke zu erreichen, ein Gesamtzusammenhang, den es so im natürlichen Umfeld nicht gibt. Von daher wäre ein einfaches Zurück-zur-Natur gleichbedeutend mit der sowohl unsinnigen als auch unmöglichen Aufgabe, auf die Fähigkeit, transzendieren zu können, zu verzichten. Eine neue Sprache, ein neues Verständnis von und zur Welt muss diese Fähigkeit mit im Blick behalten, zum Beispiel wenn der berechtigte Versuch unternommen wird, sich in der Kritik unserer heutigen Lebensweise stärker am Kreislaufdenken zu orientieren. Diese Fähigkeit zum Gestaltwandel gilt es in der Suche nach einer regenerierenden Gestaltung unserer menschlichen Systeme unter dem Vorzeichen der Gegenseitigkeit einzubeziehen und zur Heilung zu nutzen. Technologie ist weder zu verteufeln noch ist sie das Allheilmittel zur Überwindung der Klimakrise. Sie ist eine Seite der Lösung und führt zu Forschung wie von Sebastian Lothar Riedel, mit Hilfe des Bakteriums Cupriavidus necator Bioplastik aus Abfällen zu erzeugen (Grossarth 2021). Die andere Seite ist die Veränderung der mentalen Gewohnheiten, und dazu braucht es eine andere Sprache, andere Leitbilder.

Wir geben im Abfall etwas zurück, auch da sind wir trotz der ungeheuren Müllberge und der furchtbaren Verbrennungsanlagen ganz nah an der Lösung, die Abfallwirtschaft hat die Technologie und das Know How. Es fehlt eine Haltung der Achtsamkeit und der Dankbarkeit. Diese erreiche ich nicht über Kopf und Denken, so unverzichtbar beides ist, sondern nur durch eine Veränderung der emotionalen Infrastruktur, durch eine Umbewertung im Herz. Diese kann allmählich voranschreiten oder durch emotionale Ausnahmesituationen erfolgen, seien sie freudiger Natur wie die Geburt eines Kindes oder Enkelkindes oder schockierend wie eine Umweltkatastrophe in meiner unmittelbaren Umgebung. Anders gesagt: Das Problem des Abfalls ist in der Theorie leicht zu lösen, die technischen und kulturellen Voraussetzungen sind vorhanden, und das stimmt hoffnungsfroh. Die blanke Realität dagegen ist ein einziger Alptraum, und genau das macht die Zwiespältigkeit unserer menschlichen Existenz sichtbar, wir sind nicht nur gut, aber wir sind auch nicht nur böse, sondern ein Mischmasch. Das anzuerkennen, gehört zu den notwendigen Herausforderungen, hier ist Wandel angesagt, und Wege dorthin können sehr verschieden aussehen. Und es gilt sich immer wieder klarzumachen, dass es auch Interessengruppen gibt, die keinerlei Interessen an Veränderungen haben. Wandel ist nicht ohne Widerspruch, Widerstand und Kampf zu erreichen, gewaltlos selbstverständlich.

Was unterstützt diesen Denkansatz? Wie kann ich ihn in Alltagshäppchen zerlegen, in kleinstmögliche Schritte, damit sich nach und nach meine Gewohnheitsmuster verändern und ich mutiger zum Widerspruch werde? Wie sieht eine dankbare Beziehung zu dem aus, was ich heute Abfall nenne? Bedanke ich mich bei der Müllverpackung, wenn ich sie in die gelbe Tonne packe? Bedanke ich mich bei dem Baum, aus dessen Zellulose einst das Papier gewonnen wurde, in das mein Käse oder der Fisch gewickelt ist, den ich auf dem Markt kaufe? Oder bei der Papierverpackung, in der mein Buch geliefert wurde?

Vielleicht macht es Sinn, von der alten, nahezu vergessenen Tradition des Tischgebets wieder zu lernen, aber nicht in einer entleerten ritualisierten Form und auch nicht nur vor Beginn der Mahlzeiten. Im Blick auf den Abfall könnte das bedeuten, mich zu bedanken und mich zu verbinden mit dem, was ich gleich zurückgebe in den Zyklus, wohl wissend, dass ich immer noch weit entfernt von heilsamem Leben bin. Das Leben im Gegenstand erkennen, Müll nicht als Nomen, sondern als lebendig ansehen, und dies nicht nur bei den Schalen der Eier oder den Blättern des Salats, die ich in die Biotonne gebe, sondern auch bei den Dingen, die ich zum Wertstoffhof trage. Mir zugleich Schuld und Verhängnis, Beziehung und Bezogenheit in diesem Moment zu vergegenwärtigen, nimmt Trauer und Schmerz auf und lässt die Gegenstände zugleich dankbar los, buchstäblich. So banal das im ersten Moment klingen mag, es macht einen Unterschied, ob ich achtsam oder achtlos meinen Müll entsorge und die Ressourcen zurückgebe. Oder mich entschuldige, weil ich es nicht besser weiß oder weil ich dieses Stück Brot, dieses Stück Käse oder Obst nicht mehr gegessen habe, essen konnte, bevor es »verdarb« und so für mich schädlich wurde.

Seit ich an diesem Text schreibe, probiere ich das im Alltag aus. Es fällt mir schwer, weil ich mir zuallererst angewöhnen muss, in den alltäglichen Routinen des Umgangs mit Lebensmitteln, um nur ein Beispiel zu nennen, überhaupt diesen Moment des Innehaltens wahrzunehmen. Dort, wo es mir gelingt, ist es zwiespältig. Einerseits ist da ein Gefühl von Nähe und Verbundenheit, wenn ich mich bei dem Apfel bedanke, den ich jetzt esse oder bei der Verpackung, die den Käse geschützt hat. Oder wenn ich mich entschuldige, dass ich den Salat nicht rechtzeitig gegessen habe und er jetzt anfängt zu faulen. Diese Momente bewegen mich, erschrecken mich zugleich, weil mir die ganze Ungeheuerlichkeit unserer Lebensweise wie in einem Brennglas vor Augen steht. Neben diese Gefühle tritt aber irritiertes Kopfschütteln, das fühlt sich alles fremd und aufgesetzt an, oft auch albern. Was machst du denn da eigentlich, und lohnt sich das angesichts des Abfallberges, den ich trotzdem Tag für Tag in den Müllkeller schleppen muss? Oder entsteht diese Verunsicherung (!) dadurch, dass mir diese Form eines Gebets noch unvertraut ist? Oder spielt mir meine christliche Prägung einen Streich, weil ich mich ja bei dem Salat oder der Plastikhülle bedanke und nicht bei Gott? Es ist spannend für mich, dies auszuprobieren, ich fange an, bewusster einzukaufen.

Aber lohnt sich das alles überhaupt angesichts der ungeheuerlichen Realitäten? Zieht es mich nicht noch viel tiefer hinab, je mehr ich an zerstörter Verbundenheit und toten Beziehungen entdecke? Wer hat Hoffnung angesichts der erdrückenden Größe und Fülle der Herausforderungen? Warum gebe ich nicht auf, mich nicht der Verzweiflung hin? Meine Antwort: Da ist ein unbedingter Wille zu leben und zu überleben, ein Lebenshunger, gepaart mit einer Sehnsucht nach Heil und Heilung. Beides verbindet sich in der Vision eines guten, vielleicht auch besseren Lebens, wenn nicht für mich, dann für meine Kinder und Kindeskinder. Kampf und Kontemplation, Widerstand und Gebet gehörten in der Kirchengeschichte oft zusammen, hier ist für mich die Verbindung zu meiner religiösen Tradition.

Meine Hoffnung, meine Sehnsucht liegt in der Suche nach einer Sprache, die mich anleitet, dies zu fühlen. Eine Sprache, die Grenzen überwindet, Verbundenheit betont und sichtbar macht, den Himmel neu offenstehen sieht. Es ist eine poetische Sprache, eine Sprache, die der Kunst näbersteht als der Wissenschaft oder der Sachpolitik. Zwei Lehrerinnen auf dem Weg zu solch einer neuen Sprache, die Trennungen überwindet, sind für mich in den letzten Jahren Kübra Gümüsay und Birgit Mattausch geworden. Die Begegnungen mit ihnen und die so gewonnenen Erkenntnisse habe ich im letzten Jahr in meinem Buch »Unverbundenes verbinden« beschrieben (Jung 2020, 189-200).

Für mich schreit die Wahrnehmung der irdischen Verbundenheit in atemberaubender Schönheit und abgrundtiefem Schrecken nach einem Grund im Sein, das Vertrauen gibt und Mut schenkt, ob ich das nun Gott nenne oder wie auch immer.

Dann öffnet sich auch das Verständnis des Eigentums an dieser Stelle neu. »Gott gehört die Erde und ihre Fülle, die Welt und die, die sie bewohnen«, so lese ich in der Hebräischen Bibel im Psalm 24, in der Übersetzung der Bibel in gerechter Sprache. Punkt. Nicht mir, nicht der Menschheit, niemandem. Außer Gott, wenn es ihn gibt. Sollte es ihn nicht geben, gehört die Welt deshalb noch lange nicht den Menschen.

Während ich diese Zeilen schreibe, kommt mir das dreifache Liebesgebot der jüdisch-christlichen Bibel in den Sinn. »Du sollst Gott lieben und deinen Nächsten wie dich selbst.« Es beschreibt eine idealtypische Bilanz, nicht einen Besitz, eine Einladung, keine Mahnung. Was würde Jesus dazu sagen, pflegte der streitbare evangelische Pfarrer Martin Niemöller in der Nazizeit und in der Friedensbewegung der frühen Bundesrepublik zu fragen. Was würde Jesus dazu sagen, zur Klimakrise? Vielleicht würde er das dreifache Liebesgebot erweitern: »Du sollt Gott lieben und deinen Nächsten und deine natürliche Mitwelt wie dich selbst.« Und dann vielleicht weiter: »Liebe dein Essen, deinen Wein, die Verpackungen, deine Scheiße wie dich selbst.« Es geht nicht um Romantik. Scheiße stinkt, manche Pflanzen sind giftig. Achtsame und aufmerksame Liebe weiß das. »Ich esse nur Tiere, die ich selbst geschlachtet habe«, sagt Fee Brauwers, Tochter eines biolandwirtschaftlichen Betriebs und bekannte Wald-Bloggerin. Provozierend, ja. Aber nur deshalb, weil ich so weit weg bin, abgezirkelt in meiner leeren und einsamen Welt, unfähig zu lieben. Auch Religion wirkt an vielen Orten der Gesellschaft wie abgezirkelt, das Leben ist unser Eigentum, Gott stört da nur. Vielleicht könnte ein vierfaches Liebesgebot sowohl einen Horizont aufspannen als auch eine Art Kompass auf dem Weg zu einer gegenseitigen Verbundenheit darstellen, und unterwegs löst sich nach und nach das Abfallproblem auf, weil ich anders auf die Mitgeschöpfe, belebt oder unbelebt, schauen lerne.

Literatur:

Grossarth, Jan (2021): Ich mag Müll. In: Die Zeit 51/2021, S. 54

Jung, Matthias (2020): Unverbundenes verbinden. Dialog und Spiritualität in der sozial-ökonomischen Transformation, München

Kimmerer, Robin Wall (2021): Geflochtenes Süßgras. Die Weisheit der Pflanzen, Berlin

Mauch, Christof (2018): Deponierte Schätze. Archäologien des Mülls als Spiegel der Gesellschaft. In: Müll. Aus Politik und Zeitgeschichte. Zeitschrift der Bundeszentrale für politische Bildung 49-50/2018, Bonn, S. 4-8

Redecker, Eva von (4. Auflage 2021): Revolution für das Leben. Philosophie der neuen Protestformen, Frankfurt am Main

Schneidewind, Uwe (2018): Die Große Transformation: Eine Einführung in die Kunst gesellschaftlichen Wandels, Frankfurt am Main

Modern Monetary Theory und Jobgarantie: Eine Chance für New Work

Eine zentrale Beobachtung von Frithjof Bergmann, dem Urvater von New Work, lautet: Menschen sind dann glücklich und zufrieden, wenn sie einer Arbeit nachgehen, die sie *wirklich wirklich wollen*. Wo Menschen so tätig sein können, kommt dies umgekehrt der Gesellschaft und dem Gemeinwohl zugute, weil die Potenziale der Einzelnen zum Tragen kommen. Ein Staat, der von Menschen geschaffen wurde, um das Gemeinwohl zu organisieren und zu fördern, muss daher grundsätzlich ein Interesse daran haben, Menschen auf diesem Weg zu unterstützen und dafür entsprechende Ressourcen einzusetzen.

Nun orientiert sich in den letzten Jahrzehnten die Finanzierung öffentlicher Aufgaben am Leitbild eines schlanken Staates, der auf den freien Markt setzt in der Hoffnung, dass sich Angebot und Nachfrage im Blick auf nötige Innovationen, Produkte und Dienstleistungen ausbalancieren. Im Blick auf New Work bedeutet dies, dass sich über die Nachfrage von allein regelt, dass, wo und wie Menschen ihre Potenziale entfalten und einbringen können. Die Realität sieht allerdings anders aus, unzählige Menschen sind in Jobs tätig, die ihnen nichts bedeuten. Andere sind erwerbslos, können ihre Potenziale überhaupt nicht in den Markt einbringen.

Der Gedanke des schlanken und zurückhaltenden Staats ist verbunden mit der Auffassung, dass der Staat sich möglichst nicht verschulden soll, um künftige Generationen nicht zu belasten. Dahinter steht die Auffassung, dass aufgenommene staatliche Kredite eines Tages zurückgezahlt werden müssen und umgekehrt diese Kredite aus dem Guthaben von Sparer:innen vorfinanziert werden. Die schwarze Null und die Vorstellung, dass der Staat wie eine schwäbische Hausfrau zu wirtschaften habe, gelten als Leitbild. Die sogenannte Staatsschuldenkrise und die Austeritätspolitik der Troika wären ohne dieses Paradigma nicht möglich gewesen, Alternativen, wie sie beispielsweise Yanis Varoufakis vortrug, wurden im Ansatz verworfen und führten zu entsprechend schwierigen Situationen in Griechenland und anderen zumeist südeuropäischen Ländern, teils mit verheerenden Folgen für die Menschen.

Zur Überraschung vieler war es in den letzten beiden Jahren aber problemlos möglich, in der Corona-Pandemie riesige finanzielle Hilfsprogramme aufzulegen. Zugleich ist der von der EU-Kommission angestrebte Green Deal ebenso wie das gigantische Infrastrukturprogramm der Regierung Biden in den USA ein Zeichen, dass sich in der Ökonomie etwas ändert. Das könnte mit einem Ansatz zu tun haben, der schon länger existiert, aber erst jetzt vermehrt diskutiert wird im Blick auf die Finanzierung der gigantischen Herausforderungen, vor die uns global neben der Pandemie vor allem die Klimakrise stellt: die Modern Monetary Theory (MMT).

Kurz gesagt besagt die Theorie, dass ein souveräner Staat nicht bankrott gehen kann, weil er immer die Möglichkeit besitzt, neues Geld zu schöpfen. In akribischer Kleinarbeit zeigen die Vertreter:innen der MMT, dass die These der neoklassischen Finanztheorie, dass stark steigende Staatsausgaben und eine damit verbundene Staatsverschuldung zwingend zu einer Hyperinflation führen, lediglich ein Mythos ist. Die Geldmenge ist grundsätzlich unbegrenzt, begrenzt sind allerdings die »Ressourcen«, also die Menschen und ihre Arbeitskraft, die natürlichen Rohstoffe usw. Hier setzt die MMT an und verschiebt die Zielsetzungen. Nicht mehr eine niedrige Inflation ist das wesentliche Ziel, sondern Vollbeschäftigung – erst wenn diese erreicht ist, sind die menschlichen »Ressourcen« erschöpft, um es vereinfacht zu sagen.

Maurice Höfgen nennt eine Reihe von Mythen oder Glaubenssätzen, die aktuell im Mainstream der neoliberalen Theorie vorherrschen und zu entmythologisieren sind (2020, 139):

- Der Staat funktioniert wie ein privater Haushalt und ist bei seinen Ausgaben durch die Einnahmen beschränkt.
- Der Staat ist darauf angewiesen, dass der private Sektor ihm Geld leiht.
- Geld ist eine knappe Ressource.
- Sozialausgaben können nur durch Steuererhöhungen finanziert werden.
- In Niedrigzinsphasen darf sich der Stadt für Investitionen verschulden, sind die Zinsen dagegen hoch, ist dies eine unangemessene und leichtsinnige Strategie.

Diese knappe Auflistung zeigt, wie stark die MMT von dem abweicht, was tagtäglich von Politiker:innen und Medienleuten über die Finanzpolitik des Staates erzählt wird.

Im Detail ist die Konzeption vielschichtig und differenziert zu betrachten. Staaten können sehr wohl insolvent gehen, wenn sie sich so in ausländischer Währung verschulden, dass sie diese nicht mehr zurückzahlen können. Und die Konstruktion des Euro-Raumes wirft die Frage auf, ob die Staaten der Euro-Zone tatsächlich souverän sind, wenn sie ihre eigene Währung nicht mehr kontrollieren und entsprechend Geld schöpfen können. Seit 2012 Mario Draghi erklärte, den Euro durch das Aufkaufen von Staatsanleihen in jedem Fall zu stützen, ist hier zumindest ein möglicher Lösungsansatz gefunden worden. Verbunden mit der Tatsache, dass im Euro-Raum das maximale Defizit in Ausnahmesituationen außer Kraft gesetzt werden kann, öffnen sich Türen, die auch die europäischen Staaten in die Lage versetzen, sich zur Finanzierung neuer staatlicher Aufgaben das Geld zu schaffen, das dafür notwendig ist. Allein, es braucht den politischen Willen zur Umsetzung und die Einsicht sowohl in die Möglichkeit als auch die Sinnhaftigkeit dieses Paradigmenwechsels.

Grundlegend lautet die These der MMT, dass staatliche Schulden nichts Schlimmes sind, sondern für den Kreislauf der Wirtschaft eine unverzichtbare Voraussetzung darstellen. Die MMT argumentiert, dass es zwar auf der Seite des Staates zu Schulden kommt, wenn Geld geschöpft und ausgegeben wird, dies aber auf der anderen Seite zu neuen Vermögen auf der Seite der Privathaushalte und Unternehmen führt. Die MMT argumentiert hier mit der Grundregel jeder normalen Bilanz, die Passiva der einen Seite sind die Aktiva der anderen Seite.

Es ist für mich frappierend, mit der Brille der MMT auf der Nase den Wirtschaftsteil der Zeitungen zu lesen, immerhin nehmen Artikel über die MMT zu. Ganz aktuell kann die Diskussion in der EU über die Frage, wie nach Ende der Pandemie mit der Aussetzung der Schuldengrenze einerseits und mit der für den angestrebten Green Deal erforderlichen Finanzierung umgegangen werden kann, sollte oder muss als Paradebeispiel für die genannten Glaubenssätze gelten.

Zugleich ist zumindest ein Aufweichen der wie zementiert geltenden Mythen zu beobachten. In den letzten Tagen des Bundestagswahlkampfs war sogar von Christian Lindner zu vernehmen, dass er staatliche Schulden für notwendige und sinnvolle Investitionen für akzeptabel hält.

Weiter lese ich in der Presse, dass es Überlegungen gibt, wie solche Investitionen trotz der im Grundgesetz verankerten Schuldenbremse vom Staat finanziert werden können. Auch der Koalitionsvertrag von SPD, Grünen und FDP bekennt sich zu erheblichen notwendigen finanziellen Investitionen, bleibt aber eher vage. Privates Kapital soll aktiviert werden, 2022 werden noch mal Schulden aufgenommen (ohne das Summen genannt werden), aber danach soll die Schuldenbremse wieder eingehalten werden. Es ist also Bewegung zu erkennen – aber das Ende ist offen.

Ich gehe hier nicht weiter auf die Grundlagen der MMT und die Mythen der neoliberalen Theorie ein. Neben dem Buch von Maurice Höfgen ist das Buch »Geld und Kredit - eine €-päische Perspektive« von Dirk Ehnts lesenswert, dazu gibt es eine Vielzahl von Aufsätzen im Netz und Vorträgen auf YouTube. Mittlerweile nehmen auch die Berichte in Zeitungen und Zeitschriften zu, das zeigt eine einfache Suchanfrage im Netz. Auch die kritische Auseinandersetzung ist im Gang.

Wie auch immer am Ende die MMT einzuordnen ist, eins hat sie bereits geschafft: Die Rede von der angeblichen Alternativlosigkeit der Finanz- und Geldpolitik der letzten Jahrzehnte geht zu Ende. Das ist ein entscheidender Fortschritt, denn nach dem Untergang des Sozialismus in den achtziger Jahren des letzten Jahrhunderts sah es lange so aus, als ob es keine Alternative zum westlichen Modell der Marktorientierung gibt. Milton Friedmann und seine Mitstreiter:innen ist es gelungen, diesen Gedanken in Köpfen und Denkschulen zu implementieren, alle Gegenentwürfe erlangten keinerlei Bekanntheit in der Öffentlichkeit, und die sogenannten Linken versagten in dem Versuch, Alternativen zu entwickeln.

Ansätze wie New Work von Frithjof Bergmann revolutionierten zwar das Denken und teils das Handeln in der Arbeitswelt, zementierten aber ungewollt das vorherrschende Wirtschaftsparadigma. Denn es war möglich, einfach und verführerisch, den Impuls von Fritjof Bergmann auf das Individuum zu beschränken und die Effizienz der Arbeit der Einzelnen im System in den Mittelpunkt zu stellen. Damit wurde Frithjof Bergmanns Ansatz komplett auf den Kopf gestellt, der von einer radikalen Kritik der Verhältnisse im Industriekapitalismus und über gestärkte Individuen das System aufbrechen wollte.

Mich interessiert ein Teilaspekt der Debatte, der meines Wissens noch nicht geführt wird: Wie könnten mit Hilfe der MMT Freiräume eröffnet werden, die es Menschen erlauben herauszufinden, was sie *wirklich wirklich wollen*? So lautet das bereits in der Einleitung dieses Buchs erwähnte Mantra von New Work. Von hier aus ergibt sich die Vision, dass es insgesamt der Gesellschaft guttut, wenn möglichst viele Menschen ihre Potenziale kennen und einbringen, statt in langweiligen und für sie unbefriedigenden Jobs festzuhängen oder gar überhaupt keiner Erwerbstätigkeit nachgehen zu können.

Diese Vision berührt verschiedene Fragen, die alle in unserer Gesellschaft diskutiert werden und für die es eine entsprechende Infrastruktur gibt: Einmal die Frage einer grundlegenden Berufsorientierung im Jugendalter, dann die Frage einer beruflichen Umorientierung in der Lebensmitte und schließlich die Frage, wie erwerbslose Menschen erneut in den Arbeitsmarkt integriert werden können. Von Frithjof Bergmanns Vision her kann und muss weiter gefragt werden, wie es um die Förderung und Ausbildung derer steht, die unternehmerisch tätig werden wollen, oder wie Erwerbsarbeit und Ehrenamt verknüpft, verzahnt und aufeinander bezogen sind. Oder wie Menschen im sogenannten Ruhestand in Tätigkeiten integriert werden können, die sie *wirklich wirklich wollen*.

Vielfach ist es heute so, dass staatliche Einrichtungen und Programme in Abstimmung mit den sogenannten Bedarfen der Wirtschaft versuchen, Personen einerseits und Unternehmen beziehungsweise Verwaltungen andererseits zusammen zu bringen. Von der MMT her gedacht sollte es kein grundsätzliches Problem sein, hier zusätzliche Gelder zur Verfügung zu stellen, um beispielsweise Erwerbslose über einen zweiten Arbeitsmarkt zu integrieren oder Zugewanderte mit hinreichender Unterstützung in eine ihnen entsprechende und sie motivierende Erwerbstätigkeit oder selbständige Arbeit zu begleiten. Die MMT argumentiert zentral mit dem Gedanken des souveränen und demokratischen Staates, der in der Lage ist, die im demokratischen Prozess als sinnvoll erachteten Maßnahmen auch zu finanzieren – das sollten gute Nachrichten für Langzeitarbeitslose und Geflüchtete sein.

Maurice Höfgen beschreibt die Möglichkeiten, die sich hier mit der MMT bieten, unter dem Stichwort der Jobgarantie (2020, 159-182). Sein Ausgangspunkt ist die These, dass ein Staat unterhalb seiner Möglichkeiten bleibt, wenn er unfreiwillige Arbeitslosigkeit akzeptiert. Vollbeschäftigung geht vor Inflationsbekämpfung, lautet eine der Prinzipien der MMT. Das Konzept der Jobgarantie geht davon aus, dass der Staat jedem Menschen ein Beschäftigungsangebot in einem auf das Gemeinwohl bezogenen Job zu einem verträglichen und auskömmlichen Mindestlohn macht. Die dafür notwendigen Gelder finanziert der Staat über Schulden. Erst wenn es keine Erwerbslosen mehr gibt, denen Lohn gezahlt werden kann, macht es für den Staat keinen Sinn mehr, weitere Schulden zu machen, weil die menschlichen Ressourcen erschöpft sind. Diese Jobs sollen im Wesentlichen auf lokaler Ebene angesiedelt werden, bei deren Entwicklung zivilgesellschaftliche Gruppen und Personen zu beteiligen sind, weil auf dieser Ebene präziser gesagt werden kann, welche Jobs an diesem Ort gemeinwohlorientiert Sinn machen. Die Jobs entstehen dort, wo der private Sektor nicht in der Lage ist, entsprechende Angebote zu platzieren, die Jobs sind nicht in Konkurrenz zum privaten Sektor gedacht. Dies könnte in den Bereichen Bildung, Kunst, Stadtpflege, Umweltmanagement geschehen; Maurice Höfgen denkt aber auch daran, heutige unbezahlte Care-Tätigkeiten in solche Jobs zu integrieren, und nimmt einen Gedanken auf, der sich bereits in den Hartz-Gesetzen (!) im Blick auf die Ein-Euro-Jobs findet (aber nie umgesetzt wurde): dass Menschen sich mit eigenen Ideen und Projekten quasi selbst Stellen schaffen (Bundesagentur für Arbeit 2004, 11). Organisiert werden könnte all das in den bestehenden und etablierten Arbeitslosenzentren. Dabei ist sicherzustellen, dass es immer ausreichende Angebote gibt, damit die Jobsuchenden eine echte Wahl haben.

Die Vorteile liegen auf der Hand und entsprechen weithin dem, was in der Beschäftigungsförderung und Forschung zu Erwerbslosigkeit schon lange bekannt ist: Menschen werden sozial eingebunden, sie können sich sinnvoll in der Gesellschaft betätigen, das Selbstwertgefühl wird gesteigert, in der Gesellschaft werden Tätigkeiten geleistet und (finanziell) honoriert, die zum Gemeinwohl beitragen, und es entsteht Konsumnachfrage über die Entlohnung der Personen, ebenso entstehen Steuereinnahmen.

Maurice Höfgen ist der Auffassung, dass eine solche Jobgarantie auch einem bedingungslosen Grundeinkommen überlegen ist. Beide wären über den Ansatz der MMT zwar staatlich finanzierbar, aber die Jobgarantie ermöglicht Steuerungsmöglichkeiten, die das Grundeinkommen nicht besitzt.

Abgesehen davon, dass Maurice Höfgen nicht genau sagt, welche Form eines Grundeinkommens er vor Augen hat, stimme ich ihm an zwei Stellen zu: Mit einer Jobgarantie behält der Staat das Instrument selbst in der Hand und kann – durchaus gemeinsam mit den Jobsuchenden – überlegen, an welcher Stelle in der Gesellschaft der eine oder die andere sinnvoll eingesetzt werden kann. Ein Grundeinkommen dagegen überlässt dies komplett den Einzelnen, entwickelt keine Projekte – es sei denn, die Empfänger:innen werden hier selbst aktiv. Andererseits setzt ausgerechnet ein Grundeinkommen auf den Marktmechanismus, wenn es davon ausgeht, dass unbeliebte Jobs unter einem Grundeinkommen eben zu anderen Preisen angeboten werden müssen, um erfüllt zu werden. Ob das in der Realität allerdings so kommen würde, sei dahingestellt.

Zusammengefasst: Die Jobgarantie im Sinne der MMT kann sicherstellen, was die klassische Wirtschaftsförderung nicht kann, nämlich jedem Menschen, der Arbeit sucht, eine auf seine Interessen und Fähigkeiten zugeschnittene Beschäftigung im eigenen Umfeld zu schaffen, die zudem dem Gemeinwohl zugutekommt. Soweit die Theorie.

Aus meiner langjährigen Erfahrung mit Beschäftigungsförderung stellen sich bei aller Sympathie für die Idee solch einer staatlichen Jobgarantie allerdings auch Fragen. Zudem bin ich der Meinung, dass das Konzept nicht weit genug denkt, es bleibt unter seinen Möglichkeiten.

Die kritischen Fragen nenne ich nur kursorisch:

- Wer entscheidet am Ende über Einrichtung und Zuteilung? Wie viel Freiheit lässt der Staat, oder wird am Ende doch wieder eine wie auch immer aussehende Kontrolle eingefügt?
- Zielt ein Pufferbestand nicht am Ende doch darauf, dass die Personen in den Ersten Arbeitsmarkt überführt werden sollen? Was aber ist, wenn eine Person dies nicht will, sondern den gemeinwohlorientierten Job (nicht nur im Care-Bereich im eigenen Umfeld) als sinnvoller ansieht?
- Daran anschließend stellt sich mir die Frage, welche Laufzeit diese Jobs bekommen sollen: befristete oder (auch) unbefristete Jobs im Rahmen der Garantie?
- Das Matching ist unklar. Wie kommen die Menschen zu Jobs, die zu ihren Interessen passen? Nehme ich am Ende einen ungeliebten Job an,

um an die Entlohnung zu kommen (die höher ist als die Arbeitslosen-versicherung)? Was ist mit denen, die eigene Projekte einbringen und verwirklichen wollen, welche Anlaufstellen und Entscheidungswege machen hier Sinn?

Mit einem staatlich aufgelegten Programm ist allerdings noch keineswegs die Frage beantwortet, ob Menschen auf diesem Weg auch herausfinden, was sie *wirklich, wirklich wollen*. Ich sehe nach wie vor die Gefahr, dass Menschen auch mit anderen staatlichen Finanzierungsmöglichkeiten eher gedrängt und in bestimmte Richtungen geschubst werden, dorthin, wo Nachfrage besteht, auch im Bereich des Gemeinwohls. Damit aber wird die Chance verspielt, die Potenziale von Menschen zu erheben und für die Gesellschaft fruchtbar zu machen. Außerdem richtet sich die Jobgarantie lediglich an Erwerbslose. Für die freiwillige Neuorientierung, zum Beispiel nach einer Familienphase oder durch eine Lebenskrise ausgelöst, ist sie nicht gedacht, es sei denn, jemand meldet sich als erwerbslos und arbeitssuchend. In allen anderen Fällen wird schon heute darauf gesetzt, dass Menschen sich selbst fortbilden, Coaching in Anspruch nehmen usw. In bescheidenem Umfang gibt es hier auch Angebote der Bildungsträger, wie etwa Bildungsurlaube, Einzelberatung oder Workshops zur Neuorientierung, die aber in aller Regel neben der Berufstätigkeit ausgeübt werden müssen – wirkliche Freiräume entstehen so nicht.

Noch einmal zurück zu Erfahrungen mit dem Grundeinkommen. Das Netzwerk Grundeinkommen verlost seit Jahren jährliche Grundeinkommen von tausend Euro im Monat. Die Berichte mancher, die zu den Gewinner:innen gehören, zeigen, dass es dem einen oder der anderen genau die Sicherheit eröffnet hat, Fragen einer persönlichen Neuorientierung nachgehen zu können. Von daher bleibt ein Grundeinkommen im Sinne der MMT sicher ein ungeeignetes Modell, weil es nicht zielgerichtet Vollbeschäftigung fördert. Aber wäre ein Antrag auf einen Job genehmigungsfähig, wenn ich sage, ich will ein Buch schreiben oder einfach ein Jahr eine Auszeit nehmen, um herauszufinden, was ich *wirklich, wirklich will*? Frithjof Bergmann verweist darauf, dass dies ein schwieriges Unterfangen ist, wo es aber gelingt, kommt es den Einzelnen und der Gesellschaft zugute. Wie kann der Grundgedanke der Jobgarantie mit dem Verständnis von New Work im Sinne Frithjof Bergmanns in Einklang gebracht werden? Wie könnte eine Struktur aussehen, in der der Staat einerseits Steuerungsinstrumente behält, andererseits den Einzelnen wesentlich mehr Freiräume eingeräumt werden könnten? Zwei Ideen möchte ich nennen: das persönliche Erwerbstätigenkonto und offene Bildungszentren.

Im Weißbuch Arbeiten 4.0, das Andrea Nahles als Bundesministerin für Arbeit und Soziales herausgab, findet sich die Idee eines persönlichen Erwerbstätigenkontos (Bundesministerium für Arbeit und Soziales 2016, 181). Alle Bürger:innen sollten beim Start ins Arbeitsleben ein solches Konto mit entsprechendem Startguthaben erhalten. Damit können Lohnausfälle bei Weiterbildung, Existenzgründung, Teilzeitphasen oder Auszeiten kompensiert werden. Vom Gedanken der Jobgarantie her gedacht, müsste ein solches Konto ein Auskommen auf der Höhe des Mindestlohns enthalten. Über die Dauer müsste gestritten werden, auf vierzig Berufsjahre bezogen könnte ich mir drei oder vier Jahre vorstellen – wenn eine Regelung implementiert wird, dass Erwerbslose, deren Konto eines Tages erschöpft ist, weiter von dem Programm der Jobgarantie profitieren können. Andersherum ermöglicht ein solches Konto Menschen die Möglichkeit, gezielt Auszeiten nehmen zu können, finanziell planbar. Natürlich wird es auch hier Risiken und Härten geben, die in der Vielfalt der möglichen Lebensverläufe begründet sind. Man könnte auch darüber nachdenken, ob die Laufzeit des Kontos erst mit dem ersten (Vollzeit-) Job beginnt. Und selbstverständlich werden die Zeiten, in denen ich Beschäftigungen im Rahmen der Jobgarantie ausübe, nicht auf die Freistellungsjahre angerechnet. Es soll ja genau die Spielräume eröffnen, die heute selten oder nicht vorhanden sind. Den eigenen Beruf für ein Jahr aufgeben, um sich mit sich selbst oder einem Lieblingsprojekt zu befassen, können sich heute die allerwenigsten Frauen und Männer leisten. Oder sie müssen dies in Phasen der Neuorientierung berufsbegleitend machen, dann in der Regel auch selbst finanzieren. Eine Gesellschaft, die ein Interesse daran hat, die Potenziale der Menschen möglichst umfassend zu heben, damit diese Menschen zufrieden leben und arbeiten können, kann die Frage nach dem *wirklich, wirklich Wollen* aber nicht ernsthaft auf diejenigen begrenzen, die sich das finanziell leisten können.

Daher bietet es sich zweitens an, entsprechende Förderprogramme auszuschreiben, die offener als heutige Einrichtungen fördern, die Menschen auf dem Weg begleiten herauszufinden, was sie *wirklich wirklich wollen*. Das kann über Einzelförderung gehen, sinnvoller scheinen mir aber Bildungs-zentren, in denen gemeinsam gelernt werden kann, unter entsprechender Begleitung durch multiprofessionelle Teams. Ich bin skeptisch, ob die vor-handenen staatlichen oder von Wohlfahrtsverbänden vorgehaltenen Einrich-tungen dazu in der Lage sind, weil sie aus bestimmten Traditionen herkom-men und letztendlich immer auch ein Interesse haben, bestimmte Stellen zu besetzen und zu erhalten, und zwar sowohl eigene Stellen der Organisatio-nen als auch an den Orten im Gemeinwohl, hier stehen die Träger auch in Konkurrenz zueinander. Die Förderung von offener Beschäftigung mit den eigenen Interessen und Fähigkeiten muss aber das Risiko eingehen, dass Menschen sagen, nein, das mag ich nicht. Ich will lieber ein Buch schreiben, ein Theaterstück mit anderen einstudieren, ein Musikinstrument lernen usw. Daher plädiere ich für die Einrichtung von unabhängigen Bildungszentren, die Menschen im Rahmen der Jobgarantie begleiten und unterstützen. Diese können und müssen auch mit staatlichen Stellen und Wohlfahrtsverbänden und anderen Einrichtungen zusammenarbeiten, aber die Interessen sollten nicht vermischt werden.

Ein solches Bildungszentrum zielt darauf, Menschen auf dem Weg zu un-terstützenherauszufinden, was sie *wirklich wirklich wollen*, wo ihre Fähig-keiten und Interessen liegen, ihre Potenziale. Mit den Worten von Christine gesagt: Solche Zentren zielen darauf, dass Frauen und Männer in allererster Linie der Spur der Freude folgen und nicht Verwertungszwängen. Es braucht dazu den Mut des Staates, weder paternalistisch noch kontrollierend zu denken. Es besteht immer die Gefahr, dass irgendjemand fragt, ob das Geld in einer staatlich garantierten Jobgarantie denn auch sinnvoll ausgege-ben wird. Braucht es aber solch eine Kontrolle, oder sind wir bereit zu ver-trauen, dass aus einer offenen Situation heraus Gutes geschieht? Steuergel-der dürfen nicht verschwendet werden, heißt es in der alten Logik, leicht vorstellbar, dass aus der MMT ähnliche Töne laut werden: Nur gemeinwohl-orientierte Vorhaben werden unterstützt – wer legt das fest? Staatliche Ver-waltungen? Demokratische Einrichtungen? Oder sind wir mutig und sagen: Die Menschen wissen ganz genau, was dem Gemeinwohl guttut und wie sie sich einbringen können, der Gemeinsinn liegt knapp unter der Oberfläche, auch hier können Menschen herausfinden, was sie *wirklich wirklich wollen*, wenn man ihnen den Raum dafür lässt. Natürlich wird es immer Einzelne geben, die diese Freiheit missbrauchen, die Debatte ist uralt und wird bei der Förderung von Erwerbstätigen seit Ewigkeiten geführt: das ist die Mär von der sozialen Hängematte und den Faulenzer:innen. Untersuchungen zeigen aber, dass es sich hier um eine verschwindend kleine Minderheit handelt. Die anderen möchten etwas Sinnvolles für sich und für die Gesellschaft tun. Oder aus Jobs und Berufen aussteigen, die als lähmend, langweilig oder mittlerweile sinnlos angesehen werden. Gerade diese unübersichtliche Situation, in der wir uns heute und wohl auch noch in den nächsten zehn, zwanzig oder dreißig Jahren – also für eine längere Zeit – befinden, schreit danach, hier zu experimentieren, Freiräume zu öffnen, einen (finanziellen) Vorschuss zu geben in der Hoffnung, dass so Innovation und Kreativität gefördert werden. Das gilt alles auch für unternehmerische oder freiberufliche Tätigkeiten (vgl. dazu Jung 2021).

Für Bildungszentren, die vom Staat, Wohlfahrtsverbänden aber auch der freien Wirtschaft unabhängig sind, als ein Instrument neben anderen spricht die Erfahrung, dass sowohl in der klassischen Beschäftigungsförderung als auch in vielen Beratungsprozessen sichtbar wird, dass Menschen es allein nicht schaffen, herauszufinden, was sie *wirklich wirklich wollen* – und wie sie erste Schritte in diese Richtung gehen können. Auch Frithjof Bergmann spricht bereits von der Notwendigkeit solcher Begleitung. Sowohl bei solchen von mir eher im Rahmen von persönlichen Erwerbszeitkonten angedachten Bildungszentren als auch in den herkömmlichen Beratungseinrichtungen wird man von der Tatsache ausgehen müssen, dass viele Menschen diese Wege am Anfang nicht allein gehen können, sie benötigen Begleitung und Unterstützung, vielleicht auch Weiterbildung. Das gilt in besonderer Weise für Menschen, die aus anderen Ländern und Kulturen bei uns aufschlagen und integriert werden wollen und müssen, denn die sich heute bereits eröffnenden Lücken in der Beschäftigung sind im Zuge des demographischen Wandels nicht zu schließen. Von mehreren hunderttausend Menschen jährlich in Deutschland spricht die Bertelsmannstiftung.

Solche Förderprogramme und Zentren müssen finanziell so ausgestattet sein, dass sie ihren festangestellten oder freien Mitarbeiter:innen entsprechende Gehälter oder Honorare wie auf dem freien Markt zahlen können. Die Sätze, welche die öffentliche Hand heute Coaches und anderen anbietet, liegen weit unter dem, was auf dem freien Markt verdient werden kann.

Diese Summen zahlen heute entweder Unternehmen oder Personen, die sich das leisten können. Ein Staat, der die Entfaltung der Potenziale der auf seinem Territorium lebenden Menschen anstrebt, muss ein Interesse daran haben, die bestqualifizierten Frauen und Männer mit dieser Aufgabe zu beauftragen. Hier könnte die MMT als Rahmenkonzept von der Wertehaltung her argumentieren, dass diejenigen, die sich – warum auch immer – die Summen nicht leisten können, die auf dem freien Markt verlangt werden, nicht schlechter gestellt werden. Das entspricht der Menschenwürde.

Zum anderen muss die Praxis aufhören, dass solche Förderprogramme sich am Bedarf der Wirtschaft ausrichten. Kreativität entsteht durch Freiraum, unsere Gesellschaft steht vor riesigen Herausforderungen und Transformationen. In demokratischen Prozessen könnte vereinbart werden: Wir wollen diese Potenziale heben und eröffnen hierfür Räume. Schon die vielgeschmähten Hartz-Gesetze öffneten, wie schon erwähnt, an einer Stelle eine solche Perspektive, die leider nie umgesetzt wurde: Es sollte möglich sein, dass ich mir als Erwerbsloser meinen eigenen Ein-Euro-Job ausdenke und der Staat dies finanziert. Keine Frage, der Rahmen des Ein-Euro-Jobs war hier schmal gestrickt, aber die Richtung war verheißungsvoll: Ich gehe einer Tätigkeit nach, die ich für sinnvoll erachte, und der Staat bezahlt mich dafür. Hier kann angeknüpft werden, nach der MMT scheitert es nicht am Geld, das wäre vorhanden oder könnte zur Verfügung gestellt werden. Es fehlt noch an der Einsicht in die Wirksamkeit der MMT und am politischen Willen, sich künftig an diesem Paradigma zu orientieren und entsprechende Entscheidungen zu treffen.

Literatur:
Bergmann, Frithjof (2014): Neue Arbeit, neue Kultur, Freiamt
Bundesagentur für Arbeit (2004): Schaffung von Arbeitsgelegenheiten nach
    § 16 Abs. 3 Sozialgesetzbuch Zweites Buch (SGB II), S. 10.
    [http://www.schiering.org/arhilfen/hartz4sgb2/041123-arbeitsgelegenheiten.pdf; abgerufen 24.11.2021]
Bundesministerium für Arbeit und Soziales (2016): Weißbuch Arbeiten 4.0,
    Berlin
Ehnts, Dirk (2020): Geld und Kredit: eine €-päische Perspektive, Marburg

Höfgen, Maurice (2020): Mythos Geldknappheit. Modern Monetary Theory oder Warum es am Geld nicht scheitern muss, Stuttgart

Jung, Matthias (2021): Scheitern in unternehmerischer Tätigkeit. Eine theologische Betrachtung. In: Jähnichen, Traugott et. al.: Priorität für die Arbeit. Profil kirchlicher Präsenz in der Arbeitswelt gestern und heute. Festschrift für Günter Brakelmann zum 90. Geburtstag, Münster, S. 287-298

O topos mou. Nichtmonetäre Kreislaufwirtschaft in einer griechischen Bürgerinitiative

August 2021. In einem klimatisierten Raum läuft leise Musik, vier junge Frauen und Männer beugen sich über blaue Kästen und vergleichen den Inhalt mit Listen auf Laptops. Draußen steigt die Temperatur allmählich Richtung vierzig Grad. Wir sind in Katerini, sechzig Kilometer westlich von Thessaloniki, auf dem Gelände von Kapnikos Stathmos, wo das bürgerschaftliche Projekt O topos mou beheimatet ist. O topos mou, auf deutsch »Mein Ort«. Die vier jungen Leute, alle ehrenamtliche Mitarbeiter:innen der Evangelischen Jugend Hannover, kontrollieren den Bestand der Sozialen Apotheke, der etwa zwölftausend Medikamente umfasst.

Im Juni 2019 war ich während einer Studienreise erstmals hier. Die Idee zu einem Workcamp für junge Leute hatte ich einige Monate später bei einem Treffen der Griechenlandsolidaritätsgruppen in Hannover, als Elias Tsolakidis, der Initiator der Initiative, das Projekt vorstellte. Spontan schoss mir durch den Kopf: Wäre es nicht toll, wenn junge Menschen aus Deutschland dieses Projekt kennenlernen und dort ein paar Wochen mitarbeiten könnten? Die evangelische Jugend Hannover ließ sich von der Idee begeistern. Im Sommer 2020 gelang es trotz Corona, ein erstes Workcamp durchzuführen, und jetzt sind wir zum zweiten Mal hier für zwei Wochen, und ich kann die ganze Zeit dabei sein.

Als ich im Herbst 2020 das Konzept für meine dreimonatige Studienzeit entwickelte, tauchte schnell auf meinem Stichwortzettel auf: »O topos mou als Beispiel einer nichtmonetären Kreislaufwirtschaft.« Daher beantragte ich im Konzept meiner Auszeit einen zweiwöchigen Studienaufenthalt in Katerini, um dieses Essay vor Ort zu schreiben und den Kontext und die Atmosphäre hautnah aufzugreifen.

Der folgende kurze Abriss der Geschichte der Initiative und der einzelnen Hilfsprojekte zeigt, dass in Katerini Impulse für den Gedanken einer zirkulären Gesellschaft studiert werden können. O topos mou wirft aber auch Fragen an das kritisch-konstruktive Zusammenleben in Europa auf, vor dem Horizont, dass die Klimakrise uns vor riesige gemeinsame Herausforderungen stellt.

Im Sommer 2007 wüteten in Griechenland verheerende Waldbrände. Elias Tsolakidis war damals auf einem Fest in einem Dorf eingeladen, und direkt vor dem Dorf brannte es. Die Leute feierten fröhlich auf dem Dorfplatz, aber niemand kam auf die Idee, der Feuerwehr Hilfe anzubieten, nicht einmal Wasser. Das ließ Elias keine Ruhe, daher ging er einige Tage später mit einer kleinen Gruppe von Menschen zur örtlichen Feuerwehr und fragte, ob und wie sie sich konkret unterstützend für den Brandschutz für die Wälder im Olymp engagieren könnten. Der Chef der Feuerwehr antwortete, dass er jetzt im Sommer keine Zeit habe und meinte, wenn ihr wirklich helfen wollt, dann kommt im Februar wieder. Zu seiner Überraschung klopfte die Gruppe tatsächlich zu gegebener Zeit wieder an. Die Feuerwehr schlug dann etwas Einfaches und zugleich Effektives vor: In den Sommermonaten sollten Bürger:innen von einem strategischen Punkt aus mit Ferngläsern die Wälder am Olymp beobachten und beginnende Feuer sofort melden. Innerhalb weniger Tage wurde an einem Ort am Strand ein Hochsitz errichtet und eine interaktive Internetplattform eingerichtet, über die sich Interessent:innen für eine von zwei Beobachtungsschichten täglich anmelden konnten. Mehr als 120 Familien und Organisationen aus der Region nehmen seither jedes Jahr an der Aktion »Ich schenke dem Wald einen Tag von meinem Sommer« teil. Seither hat es in dieser Region am Olymp keine größeren Brände mehr gegeben.

Nach dem ersten Sommer wollte die Gruppe weiter aktiv bleiben und beteiligte sich an verschiedenen Protestaktionen, zum Beispiel gegen die hohen Mautgebühren in Griechenland. Es war noch vor der sogenannten Finanzkrise. Das Land war geprägt durch Euphorie nach den olympischen Spielen in Athen und dem Gewinn der Fußball-Europameisterschaft, beide im Jahr 2004, und dem Eurovision Song Contest in Athen zwei Jahre später. Viele Griech:innen verschuldeten sich in dieser Stimmungslage stark, und es wurde ihnen extrem leicht gemacht. Geld gab es am Automaten, die billigen Kredite führten später maßgeblich mit zur Krise. Gleichzeitig fielen schon damals nicht wenige Familien durch alle Systeme. Wer arbeitslos wurde, erhielt keine Unterstützung mehr und verlor die Krankenversicherung. In dieser Zeit kam die Idee auf, einen »Sozialen Supermarkt« für verarmte Familien einzurichten, und die Gruppe rief zu Spenden auf. Das Konzept ging auf, schnell war ein kleiner verfügbarer Raum in der Innenstadt nicht mehr ausreichend, da auch Kleider und Medikamente gespendet wurden, die irgendwo gelagert werden mussten.

2012 besetzte die Gruppe in Katerini daher ein ehemaliges Tabakforschungszentrum, das seit 15 Jahren inmitten eines verwilderten Geländes in der Stadt leer stand und verfiel. Vorher wurde eine Anfrage an die Stadt gestellt, ob das Gelände und die Gebäude genutzt werden könnten. Die Stadt war einverstanden – aber niemand wusste, wem die Anlage gehörte. So lud Elias die Presse ein, vor deren Augen wurde das alte Schloss geknackt und ein neues angebracht, verbunden mit dem Hinweis, der Besitzer möge sich melden. Noch am selben Tag tauchte die Polizei auf und forderte im Namen des Agrarministeriums die Gruppe auf, den Schlüssel herauszugeben und das Gelände zu verlassen. Die Gruppe weigerte sich mit dem Hinweis, dass sie erstens diese Gebäude sehr gut als Lagerstätte gebrauchen könnte und sie zweitens festgestellt hätten, dass auf dem Gelände Schlangen und Ratten leben, und das sei für die direkt benachbarte Schule sicher ein Problem. Dieses würde sich nebenbei in Luft auflösen, wenn die Bürgerinitiative das Gelände bewirtschafte. Nach einigem Hin und Her war das Ministerium bereit, die Initiative »Ärzte der Welt« als juristischen Partner zu akzeptieren, da die Bürgerinitiative keine Vereinsstruktur besaß.

Seither wurden und werden die Gebäude mit viel Arbeit und durch Spenden restauriert. Inzwischen ist das Projekt langfristig abgesichert: Es existiert bis 2045 ein Nutzungsvertrag mit dem griechischen Staat. Als organisatorisches Dach dient mittlerweile eine NGO, die den Namen des ehemaligen Tabakforschungszentrums trägt: Kapnikos Stathmos. Mittlerweile hat O topos mou drei Mitarbeitende mit Arbeitsverträgen, die durch Spenden finanziert sind.

Der Kern der nichtmonetären Kreislaufwirtschaft ist die Soziale Lebensmittelausgabe. Gelagert und abgegeben werden nur unverderbliche Waren, die nicht gekühlt werden müssen: Mehl, Zucker, Linsen, Bohnen, Nudeln, Gerste, Olivenöl oder Kindermilchpulver. Nach Überprüfung der Notlage können Familien monatlich eine fünfunddreißig Kilo umfassende Ration Nahrungsmittel erhalten. Als Gegenleistung werden monatlich acht Stunden Mitwirkung im Projekt erwartet: Rasen mähen, Hof kehren, Stühle schleppen. Aktuell werden etwa einhundertdreißig Familien unterstützt, es existiert eine lange Warteschlange.

Die Holzbuden des Solidarischen Weihnachtsmarktes fallen Besucher:innen sofort ins Auge, wenn sie das Gelände betreten. Viele Griech:innen, die mehrere Jahre in Deutschland gelebt haben, vermissen Weihnachtsmärkte aus deutschen Städten in ihrer Heimat. So entstand die Idee, auf dem Gelände einen typisch deutschen Weihnachtsmarkt aufzubauen, mit allem, was dazu gehört: Buden, Kaffee und Kuchen sowie Glühwein, Süßwaren, aber auch Musik, Theater und Märchen. Das Netzwerk »Ärzte der Welt« unterstützte die Idee 2014 mit einer großen Spende. Mit dem Geld wurden die Holzbuden gebaut, die seither auf dem Gelände fest installiert stehen. Der Eintrittspreis für Besucher:innen besteht aus zwei Kilo unverderblichen Nahrungsmitteln pro Erwachsenem oder einem gebrauchten Buch bei Kindern. So kommen jährlich fünfzehn bis zwanzig Tonnen Nahrungsmittel zusammen, die in der sozialen Lebensmittelausgabe ausgegeben werden können. Die Organisation liegt in den Händen eines festen Teams von etwa fünfzig Koordinator:innen, an den verschiedenen Abenden sind mehrere hundert Personen ehrenamtlich im Einsatz. Vor Corona besuchten etwa 12.000 Menschen jährlich diesen Weihnachtsmarkt.

Viele Familien in Griechenland haben keine Krankenversicherung (mehr). Die dramatischen Kürzungen im Gesundheitssystem der letzten Jahre haben dazu geführt, dass selbst Krankenhäuser Probleme haben, Medikamente und Hilfsmittel in ausreichendem Umfang zur Verfügung zu stellen. Immer wieder werden Patient:innen aufgefordert, ihre Arzneimittel und Verbandsmaterialien vor einem Krankenhausaufenthalt selbst vorab zu beschaffen. Auf diese Notlage reagiert O topos mou mit der Sozialen Apotheke, die zurzeit etwa 12.000 Arzneimittel und andere medizinische Produkte vorhält. Lange Zeit kamen die Sachspenden hierzu aus ganz Europa, mittlerweile kommen Medikamente weitgehend aus der Bevölkerung der Region, beispielsweise bei Haushaltsauflösungen nach Todesfällen. Der gesamte Bestand wird geprüft, selektiert und in eine für diesen Zweck programmierte Datenbank eingepflegt. Über eine Suchmaschine kann der Bestand im Netz eingesehen werden, die Ausgabe erfolgt an zwei Abenden in der Woche durch Pharmazeut:innen vor Ort, sofern ein gültiges Rezept vorgewiesen werden kann.

Nach der Finanzkrise haben Zwischenhändler und Supermärkte in Griechenland ihre Gewinnspannen stark erhöht, zu Lasten sowohl der landwirtschaftlichen Betriebe als auch der bereits finanziell geschwächten Haushalte.

Als Reaktion darauf wurde nach Bauernprotesten die Initiative »Lebensmittel ohne Zwischenhändler« ins Leben gerufen. Die Produzent:innen verkaufen ihre Waren, wie etwa Kartoffeln oder Olivenöl, ohne ein dazwischen geschaltetes Handelsunternehmen direkt an die Endkonsument:innen. Erstere erzielen so höhere Preise, letztere bezahlen einen fairen Preis. Über eine Internetplattform bestelle ich die Waren und bekomme ein Zeitfenster, an dem ich diese Waren an mehreren Tagen im Jahr abholen kann. Die beteiligten landwirtschaftlichen Betriebe arbeiten ausschließlich für diese Initiative. Das System ähnelt regionalen Vermarktungsangeboten in Deutschland, in denen vorab bestellte Lebensmittel an bestimmten Orten zu festen Zeiten abgeholt werden können. Die positive Resonanz auf diese Initiative äußert sich immer wieder auch in großen Nahrungsmittelspenden an die soziale Lebensmittelausgabe im Anschluss an die Verkaufstage.

Humanitäre Hilfe für Geflüchtete ist ein junges Teilprojekt. Seit Jahren ist Griechenland als Teil der EU-Außengrenze eines der Epizentren der Flüchtlingskrise. Die Bilder aus Idomeni und Moria, um nur zwei zu nennen, die international besondere Aufmerksamkeit erzielten, stehen auch in Deutschland noch vielen vor Augen. Mit der zunehmenden Räumung der Inseln wurden Geflüchtete auf das Festland gebracht und dort weitgehend sich selbst überlassen. In den überfüllten Lagern auch im Umland von Katerini herrschen kaum beschreibbare Zustände. Eine Gruppe von Freiwilligen setzt sich dafür ein, die schlimmste Not zu lindern. Palettenweise wurden und werden Medizin, Nahrung und Grundhygieneartikel organisiert und an Flüchtlingslager, Hilfswerke und staatliche (!) Träger verteilt, keineswegs nur in Katerini, Lieferungen gehen auch nach Thessaloniki und bis nach Athen. Aktuell, im Sommer 2021, findet auf dem Gelände eine Sommerschule für Kinder aus geflüchteten Familien statt. Ein Problem: An dieser Sommerschule können nur Kinder aus Familien teilnehmen, die in Katerini wohnen. Für den Transport aus dem etwa dreißig Kilometer entfernten Lager gibt es keine Finanzierung, die Fahrt mit dem öffentlichen Bus ist Kindern bei den teils extremen Temperaturen nicht zuzumuten, zumal sich auch hier die Frage stellen würde, wer die Tickets zahlt. Die Stadtverwaltung versprach dies, hielt aber die Zusage nicht ein.

Wir fünf aus Hannover konnten im August 2021 miterleben, wie die Bürgerinitiative auf eine aktuelle Notlage reagiert. In den ersten Tagen unseres

Aufenthaltes brachen die großen Waldbrände in Griechenland aus, zunächst am östlichen Ortsrand von Athen, dann auf dem Peloponnes und auf der Insel Euböa. Nach einem Aufruf im Fernsehen rief Elias auf Euböa an, bot Unterstützung an und fragte, was am dringendsten gebraucht werde. Die evakuierten Familien wurden zwar in Hotels untergebracht, aber es fehlte dort unter anderem an simplen Medikamenten wie Aspirin, Windeln, Wasser und Tiernahrung für die Haustiere. Elias veröffentlichte über den Newsletter der Initiative einen gezielten Spendenaufruf. Innerhalb weniger Stunden fanden sich Freiwillige auf dem Gelände ein, es wurde eine Sammelstation aufgebaut, in der die Spenden direkt sortiert wurden. Auch das Fernsehen war innerhalb kürzester Zeit vor Ort und führte Interviews, auch mit uns Deutschen (Wer seid ihr, warum seid ihr in Katerini, was macht ihr hier?). Am ersten Abend waren sieben Paletten an Spenden gepackt und warteten auf den Abtransport nach Euböa. Eine Logistikfirma hatte angeboten, die Paletten zu transportieren. Der erste Gedanke, selbst mit einem Anhänger zu fahren, wurde aufgrund der ungeheuren Resonanz verworfen. Das gesamte Wochenende über wurde von morgens bis abends gesammelt und sortiert. Neben Menschen, die sich schon lange in der Initiative engagieren, fanden sich auch zahlreiche neue Freiwillige ein. Wir fünf integrierten uns von Anfang an, ließen andere Aktivitäten ruhen.

In einer zweiten Phase wurden Tüten für die Helfer:innen der Feuerwehr gesammelt, die im Schichtbetrieb nach Süden fuhren und nach zwei Tagen ausgetauscht wurden. Gerade die bunten Tüten haben uns buchstäblich vor Augen gestellt, welche Werte die Initiative vertritt. Es geht immer darum, auch in Krisensituationen die Menschen nicht als Not leidende Opfer zu sehen, sondern als Menschen in ihrer Würde. Dazu gehört in diesem Fall, nicht irgendwelche Papier- oder gar Plastiktüten mit Sachen zu packen, sondern schöne, neue Tüten.

An unserem letzten Abend saßen wir bei einem Abschlussessen mit Elias, Alexandros und Alkis (zwei der drei Hauptamtlichen) zusammen und reflektierten die vierzehn Tage. Dabei erzählte Elias, wie und was sich in dieser Woche für uns nicht wahrnehmbar hinter der Sprachbarriere entwickelt hat. Aufgekommen war die Idee, dass sich O topos mou zu einer Art Logistikzentrum weiterentwickeln könnte, das in Krisenmomenten gut vorbereitet ist, und nicht nur Hilfsgüter, sondern vor allem auch die Infrastruktur einer Logistik vorhält. Denn es kam mehrfach in der Woche vor, dass andere Initiativen gesammelte Spenden mit Pickups oder LKW anlieferten, weil sie aufgrund der Fülle mit dem Sortieren überfordert waren.

Auch wenn wir durch unsere fehlenden Sprachkenntnisse vieles in dieser Woche nicht verstanden haben, konnten wir doch miterleben, dass neben dem Sammeln, Sortieren und Verpacken immer wieder heftig diskutiert wurde. Das führte dann auch dazu, dass – von außen betrachtet – mal etwas hektisch das ein oder andere von hier nach dort und eventuell ein paar Stunden später wieder zurück geräumt wurde. Aber am Ende keineswegs ineffektiv, im Tun stellen wir ja oft erst fest, ob es passt oder nicht.

Besonders beeindruckend war die heitere Gelassenheit, in der gearbeitet wurde. Das war insofern überraschend, weil es durchaus persönliche Betroffenheit unter den Helfer:innen gab. Steckt dahinter die Erfahrung, hier nicht nur etwas Sinnvolles zu machen, sondern zugleich zu wissen, dass diese sinnvolle Tätigkeit auch noch sehr gut organisiert und reflektiert wird?

Nach diesem Abriss über die Geschichte und die Teilprojekte beschreibe ich nun die Prinzipien der Initiative.

- O topos mou ist eine für alle offene und von staatlichen Trägern unabhängige Bürgerbewegung, die sich die Aufklärung, Sensibilisierung und Mobilisierung der Zivilgesellschaft zum Ziel gesetzt hat. Oberstes Prinzip ist die Überzeugung, dass es selbstverständliche Pflicht einer solidarischen Gesellschaft ist, dort zu helfen, wo Hilfe am dringendsten gebraucht wird.

- Das wesentliche soziale Kapital von O topos mou bilden die klaren, transparenten, offenen und parteipolitisch unabhängigen Regeln. Diese schaffen Vertrauen, die Basis der Zusammenarbeit. Wer sich nicht daran hält, muss das Projekt verlassen. Diese Klarheit ist notwendig, weil sonst das Vertrauen aufgeweicht und zerstört wird.

- Die Organisation lässt sich in drei Kreisen darstellen. Den inneren Kreis bildet ein Kernteam aus etwa zehn Personen. Den mittleren Kreis bilden die etwa zweihundert Koordinator:innen der Teilprojekte, die sich selbständig unter dem Dach organisieren. Neue Projektideen können jederzeit hinzukommen und verfolgt werden, genauso können sich Projekte auflösen. Zum äußeren Kreis gehören die circa fünftausend Unterstützer:innen, die eine Beziehung zum Projekt haben, einmal im

Jahr oder öfter etwas spenden oder an Veranstaltungen teilnehmen. Zu den Unterstützer:innen zählen auch Menschen aus dem Ausland, die dem Projekt verbunden sind.

- Die Teilprojekte werden gebildet, indem auf öffentlichen Versammlungen eine Idee vorgestellt und eine Einladung zur Mitwirkung ausgesprochen wird. Innerhalb von zehn Tagen muss die Einladung von potenziell Interessierten beantwortet werden. Ausgeschlossen sind Personen, die in irgendeiner Weise mit der Politik verbunden sind, um politische Unabhängigkeit zu gewährleisten. Diese so gefundenen Personen bilden die Koordinator:innen des neuen Teilprojekts.

- Alle Mitglieder der Bürgerinitiative sind gleichrangig. Das Freiwilligenbündnis lehnt einen Mitgliedsbeitrag ebenso ab wie den Umgang mit Geldern. Spenden oder Zahlungen verwaltet und tätigt als offizielle juristische Einrichtung die NGO Kapnikos Stathmos. Sie eröffnet den Raum, die Visionen in die Tat umzusetzen, entscheidet aber in keiner Form über Inhalte.

Grundprinzip von O topos mou ist Menschlichkeit, gepaart mit Zorn über unsoziale, ungerechte und unmenschliche Verhältnisse. Dieses Grundprinzip führt zur Solidarität und zum Engagement für andere. Dabei führt jedes neu entstehende Teilprojekt zu vertiefter Einsicht in die Strukturen. In den letzten Jahren sind mehr und mehr Menschen aus den sozialen und, für viele noch dramatischer, aus den familiären Netzen herausgefallen. Der griechische Staat konnte dies nicht auffangen – und Europa wollte nicht. So sind hier Menschen selbst aktiv geworden. Auf den Staat zu warten, scheint vielfach aussichtslos oder dauert zu lange. Die eigene Grundhaltung und die Grundüberzeugungen führen aufgrund der kritischen Analyse zu Engagement. Viele Impulse in Zivilgesellschaften kommen so zustande, Fridays for Future ist aktuell nur das leuchtende Beispiel.

In Katerini wird in einem Spiegel und einem Brennglas zugleich sichtbar: Der Weg in eine andere Gesellschaft verläuft nicht konfliktlos und ist mit Kampf und Widerstand verbunden. O topos mou hat immer wieder unter Anfeindungen und Angriffen zu leiden. Denn es gefällt nicht allen, dass sich hier Menschen für Menschen einsetzen, die am Rand stehen oder aus Sicht mancher überhaupt nicht zur Gesellschaft gehören. Die Initiative hat auch mit dem Widerstand der staatlichen Behörden zu kämpfen, die es nicht gut finden, dass Ehrenamtliche im Prinzip staatliche Aufgaben übernehmen, Brandschutz am Olymp oder die Versorgung von Kranken mit grundlegenden Medikamenten und medizinischem Material. Und dann auch noch Unterstützung für die Geflüchteten, ist nicht die Not der Griech:innen groß genug? Argumentationsmuster, die auch in Deutschland nicht unbekannt sind.

Wenn die Beobachtung stimmt, dass jedes Teilprojekt wie in einer Spirale tiefer hineinführt in die Verhältnisse, dann muss genau damit auch auf dem Weg in eine zirkuläre Gesellschaft gerechnet werden. Die Erfolge machen die Rückseiten sichtbar, einerseits Trauer über falsche Wege oder notwendige Abschiede, andererseits das Erschrecken über unmenschliche Zustände. Je tiefer ich hineingehe, desto klarer, zorniger werde ich und umso stärker wird der Impuls zum Widerspruch oder Widerstand. Manche der Debatten im Bundestagswahlkampf 2021 sind vermutlich nur ein laues Lüftchen angesichts dessen, was an Sturm in den nächsten Jahren durch die Gesellschaft wehen wird – die sich vielfach aus Angst vor Veränderungen auch verweigert.

Praktische Solidarität macht die Verbundenheit sichtbar und erlebbar, eine Verbundenheit, die immer existiert, ob ich sie sehe, akzeptiere und lebe oder eben nicht. Das neoliberale Missverständnis, dass wir Menschen dann am glücklichsten leben können, wenn jede:r eigenen Interessen möglichst uneingeschränkt nachgehen kann, weil der Markt der Ideen, der Prinzipien, der Unternehmen es schon richten wird, dieses Missverständnis schätzt diese Verbundenheit eher gering und verneint sie im Reden und Handeln. Künftig sich an Zirkularität und am Bild des Kreislaufs auszurichten, heißt daher aus meiner Sicht auch und vor allem, Liberalität neu zu denken: Ich wünsche mir Liberalität im Denken, Liberalität im wirtschaftlichen Handeln, im sozialen Zusammenleben. Liberal heißt für mich: Idealtypisch endet meine Freiheit dort, wo die Freiheit des oder der anderen beginnt. In einem Netz von Verbundenheit lässt sich Liberalität hervorragend denken und deren Potenziale heben, wenn sie auf den Prinzipien Gegenseitigkeit und Balance, Achtsamkeit und Dankbarkeit beruht.

Noch ein weiterer Gedanke steht mir hier in Katerini vor Augen. Eine kommende, an zirkulären Prinzipien ausgerichtete Gesellschaft kann weder gedanklich noch praktisch an den Rändern unserer Nationalstaaten enden, sie muss regional und global gedacht sein. Wir in Europa haben durch die

EU einen unschätzbaren Schatz, den wir nutzen können: ein existierendes System von Infrastrukturen über nationale Grenzen hinweg. Bei aller berechtigter Kritik in vielen einzelnen Punkten bildet die EU einen Denk- und Gestaltungsrahmen. Der ehrgeizige Green Deal zeigt den Willen an, hier entsprechend aktiv werden zu wollen, aber es braucht vernetzte Menschen und zivilgesellschaftliche Organisationen, welche die Politik konstruktiv, kritisch und mahnend begleiten. Und es gilt, Netze zu weben, Netze der Verbundenheit. Einen solchen Faden bilden die kleinen Workcamps zwischen der Evangelischen Jugend in Hannover und O topos mou in Katerini. Verbundenheit führt zu Solidarität. Perspektivisch geht es darum, den Radius der gefühlten Verbundenheit und praktischen Solidarität in Europa (und global) nach und nach zu erweitern durch eben solche Projekte. Aus meiner Sicht haben hier die Kirchen große Potenziale aufgrund ihres Anspruches, Teil einer weltweit geltenden Botschaft zu sein, zudem besitzen sie nach wie vor eine Infrastruktur, um die sie von anderen Verbänden beneidet werden. Brot für die Welt und Misereor auf katholischer Seite sind hier aus diesem Geist heraus unterwegs. Vielfach engagieren sich Gemeinden und Einrichtungen mit diesen großen Trägern in globalen Zusammenhängen. Auf unserem Kontinent liegt noch viel brach, was belebt werden kann.

Und schließlich ist O topos mou ein Bildungsprojekt. Hier kann gelernt werden, wie Solidarität aussieht und praktisch funktioniert. Die Form der ehrenamtlichen Selbstverwaltung kann in Katerini studiert werden, es gibt Regeln, die im ehrenamtlichen Engagement konsequent gelten, um den Rahmen sicher zu halten. Für manche, die ehrenamtliches Engagement aus Deutschland kennen, ist dies eine Herausforderung und ein Spiegel, der fragen lässt, wie es um die Klarheit des eigenen ehrenamtlichen Engagements bestellt ist, wenn wir uns kaum vorstellen können, Ehrenamtliche wegen »Regelverstößen« auszuschließen.

Aus diesen verschiedenen Gründen finde ich es sinnvoll, wenn junge Frauen und Männer aus Deutschland einen direkten praktischen Einblick in die Initiative erhalten, auf der Vorderseite durch die temporäre Mitwirkung an solidarischen Projekten und auf der Rückseite im Studium des konkreten Beispiels, wie solidarisches Engagement auch im Widerstand gelingen kann.

Beides ist auch bedeutsam für den Gedanken einer zirkulären Gesellschaft: Wandel, Anpassung, Veränderung hat mit Klarheit, Entschiedenheit, Mut,

Konfliktbereitschaft und -fähigkeit zu tun. Übergang geht nur im Kampf, denn es gibt gegenläufige Interessen und dahinterstehende Menschen, die dafür streiten, dass entweder alles so bleibt, wie es mal war oder in Richtung einer libertären Gesellschaft fortschreiten wollen. Daher muss in allen Klimaanpassungsanstrengungen mit Widerstand gerechnet werden, und es gilt, sich entsprechend vorzubereiten und von guten Beispielen zu lernen.

Mittlerweile ist es September, ich bin zurück in Hannover und telefoniere mit Elias. Ich möchte wissen, was sich seit unserer Abreise ereignet hat. Eine große Zahl von Frauen und Männern hat sich an einem Abend eingefunden, um mitzudenken. Konkret wurde unter anderem verabredet, dass die Schulkinder in zwei auf Euböa liegenden Ortschaften zum Schuljahresbeginn komplett mit Schulbedarf ausgestattet werden, hier war eine große Spende einer Organisation in Hamburg hilfreich. Außerdem ist in Kooperation mit den Dörfern eine Liste von Menschen erstellt worden, die durch die Brandkatastrophe am heftigsten betroffen sind. O topos mou wird diesen Familien ein Jahr lang jeden Monat ein Paket mit Lebensmitteln zur Verfügung stellen. Und ganz nebenbei wurden noch weitere Hunderte von schönen, bunten Tüten für Feuerwehrleute und andere Helfer:innen gepackt und auf den Weg gebracht.

Zum Weiterlesen:

Es existiert eine umfangreiche deutschsprachige Website der Bürgerinitiative, die fortlaufend aktualisiert wird. Dort werden die einzelnen Teilprojekte und die internationalen Partnerschaften beschrieben. Zu ihnen zählen auch die beiden Workcamps der Evangelischen Jugend Hannover in den Jahren 2020 und 2021. Die Website ist findet sich unter:

http://kikaf.spt20.de/

Öffentliche Trauer und Klage im gesellschaftlichen Wandel

Dieses Essay ist ein Versuch, mich einer Frage zu nähern, die mich schon lange bewegt und umtreibt: Wie kann in gesellschaftlichen Transformationsprozessen gemeinsam so getrauert und geklagt werden, dass das lösende und befreiende Potenzial von Trauer und Klage fruchtbar werden kann?

Trauer und Klage sind menschliche Verhaltensweisen, mit Verlust, Schmerz und Leid umzugehen. In unserer Gesellschaft ist Trauer im persönlichen Bereich akzeptiert, die Klage allerdings kommt kaum vor. Ich habe in den Jahren meines Gemeindepfarramts mehr als achthundertmal mit Menschen auf dem Friedhof gestanden, um sie bei ihrer Trauer um Vater, Mutter, Ehemann oder -frau, ein Kind, Bruder oder Schwester, Freund:in oder Bekannte zu begleiten. Die Art und Weise der Trauer war höchst verschieden, auch die Klage fand manchmal ihren Raum in den Trauergesprächen, seltener im Trauergottesdienst oder am offenen Grab.

Über die fünfundzwanzig Jahre am Niederrhein hinweg ist mir aufgefallen, wie die Trauer im persönlichen Bereich zurückgedrängt wurde. Die Zahlen derer, die zu einer Beerdigung mitgingen, wurden im Schnitt immer kleiner. Gerade in der jüngeren Generation beobachtete ich, dass manche Menschen mit fünfundzwanzig oder dreißig Jahren zum ersten Mal in ihrem Leben mit dem Sterben eines nahestehenden Menschen konfrontiert werden, entsprechend hilflos wirken verständlicherweise manche von ihnen.

Die Selbstverständlichkeit des Todes im familiären Alltag ist weithin entschwunden, immer weniger Menschen sterben zuhause. War es Anfang der neunziger Jahre am Niederrhein noch üblich, eine Trauerfeier in die Mittagsstunden zu legen, damit Berufstätige in ihrer Mittagspause teilnehmen konnten, so habe ich es zuletzt erlebt, dass Arbeitgeber selbst engen Verwandten die Teilnahme an Beerdigungen untersagten, in der Spitze mit dem Satz: »Sie sind noch in der Probezeit, gehen Sie zur Beerdigung Ihrer Schwiegermutter, können Sie gleich Ihre Papiere holen.«

Trauern und noch viel mehr klagen lernen viele Menschen nicht mehr, oder sie verlernen es, bleiben allein mit den Gefühlen. Das wird schon wieder, da muss man durch, Kopf hoch. Diese Gefühle aber nicht ausdrücken zu können, hat Folgen, sie wirken untergründig weiter, verdrängt, aufgestaut, verwandelt in andere Gefühle wie Wut oder Schuldgefühle. Wir kennen die Klagerituale aus Ländern des Nahen Ostens nur aus Filmen oder Büchern, sie wirken befremdlich.

Eine ähnliche und doch ganz andere Beobachtung habe ich in den letzten zehn Jahren gemacht, seit ich noch im Rheinland, später auch in Niedersachsen mit Menschen ins Gespräch kam, die als Unternehmer:innen gescheitert waren. Auch hier wird das Gefühl zu scheitern, das sich bei Misserfolgen einstellt, in den individuellen Bereich abgeschoben, manche der Betroffenen reden nicht einmal mit dem oder der Partner:in. Verbunden ist das mit dem gesellschaftlichen Glaubenssatz: Wer unternehmerisch scheitert, ist selbst schuld. Der Besitzer des Zulieferbetriebs bei VW, Mercedes oder Opel verliert einen Auftrag, weil der Konzern eine Komponente im neuen Modell nicht mehr braucht, und fragt sich: Was habe ich falsch gemacht? Gefühle von Trauer und Klage richten sich gegen mich selbst, ich bin schuld, ich fühle mich schuldig, ich trauere um mein eigenes Versagen und klage mich an. Und es gibt kaum Orte, darüber zu reden. Mehr zum Scheitern in unternehmerischen Zusammenhängen habe ich jüngst in einem Aufsatz beschrieben (Jung 2021).

Diese beiden Beispiele zeigen, dass Trauer in unserer Gesellschaft weithin individualisiert an die Ränder des Lebens abgewandert oder abgeschoben worden ist. Sie wird im Alltag nicht thematisiert, von der Klage ganz zu schweigen. Im einschlägigen Artikel auf Wikipedia wird Klage ausschließlich individuell betrachtet. Eine Klage, so lese ich dort, ist eine soziale Handlung, die darin besteht, dass ein Mensch Gefühle von Schmerz, Trauer oder Leid äußert. Menschen, die sich beklagen, drücken dagegen Unzufriedenheit aus. Bei der Trauer ist der Befund ähnlich, immerhin wird hier die Staatstrauer als eine Form gesellschaftlicher Trauer genannt. Trauer und Klage sind auf der individuellen Ebene gut erforscht, weniger aber die Frage, wie Gruppen, Organisationen oder Menschen einer Gesellschaft gemeinsam trauern und klagen können.

Das führt in der Konsequenz ähnlich wie beim Scheitern dazu, dass der Grund für meinen Misserfolg, der Anlass für Trauer und Klage bei und in mir selbst gesucht wird. Damit aber bleibe ich ähnlich wie beim Scheitern auch in der Trauer allein. Erfolge werden gerne gemeinsam gefeiert, zum Weinen gehe ich in den Keller.

In außergewöhnlichen Katastrophen wie Eisenbahnunglücken, Flugzeug-abstürzen oder Flutkatastrophen entsteht in der Zivilgesellschaft das Be-dürfnis nach gemeinsamer Trauer. Dann greift sie oft auf die religiösen Tra-ditionen zurück. Häufig kommt es zu Gottesdiensten in den betroffenen Or-ten, die je nach Anlass auch bundesweit im Fernsehen übertragen werden. In solchen Feiern sind zunehmend auch muslimische Traditionen einbezo-gen, je nach Anlass. Hier äußert sich in einer Drucksituation der unbedingte und drängende Wunsch, gemeinsam zu trauern. Den Gefühlen Sprache zu verleihen, das Unbegreifliche zu beschreiben, Trauer und Klage in Worte zu fassen. Nehme ich an solchen Gottesdiensten teil oder verfolge sie im Fern-sehen, so merke ich, sie erfüllen diese Funktion und Hoffnung, bei mir und anderen. Zugleich zeigen sie in Sprache und Form Unsicherheit, offenbaren die Ungeübtheit in der öffentlichen Trauer und Klage. Die Worte klingen oft hölzern, sperrig, holprig. Wie kann es auch anders sein – und dennoch oder vielleicht liegt der Trost dieser Trauergottesdienste gerade darin, einmal keine Antwort zu haben, einmal fassungslos nach Worten zu ringen. Die grundsätzlich überwiegend positiven Rückmeldungen aus der Gesellschaft auf solche Gottesdienste machen Mut, sind für mich ein Zeichen, ein Signal, dieser Spur auch in anderen öffentlichen Räumen und Anlässen zu folgen, ebenso stotternd, tastend, um Worte ringend. Daher beschäftigt mich die Frage, wie Trauer, Klage und das Gefühl, gescheitert zu sein auf dem Weg zu einer zirkulär ausgerichteten Gesellschaft integriert werden können, um ihr lösendes Potenzial zu entfalten.

Auf der individuellen Ebene ist Erschöpfung bis zum Burnout die Folge, das kann gerade jetzt in der Pandemie vielerorts beobachtet werden. Die Pandemie ist eine Frage, welche die Gesellschaft als Ganze umtreibt, auch wenn es im Detail unterschiedliche Meinungen, Interessen und Erfahrungen gibt. Wenn ich es aber nicht schaffe, emotional mit der Situation umzugehen, dann bin ich selbst schuld, so lautet der vertraute, weithin unbewusste Um-gang mit meiner Trauer. Immerhin, es gab und gibt zarte Versuche einer ge-meinschaftlichen Trauer, so zum Beispiel indem Menschen freitagabends eine Kerze ins Fenster stellen zur Erinnerung an diejenigen, die an Covid-19 gestorben sind. Gibt es auch so etwas wie ein kollektives Burnout?

Mich treibt die Frage um, was dies für eine Gesellschaft bedeutet, die sich mehr und mehr auf den Weg zu mehr Nachhaltigkeit oder Zirkularität macht.

Denn die Klimakrise rückt immer stärker ins Bewusstsein. Das war vor wenigen Jahren noch anders, die Dürresommer und Fridays for Future haben es geschafft, das Thema aus der Nische herauszuholen. An vielen Stellen wird heute darüber nachgedacht, wie Wege in die Zukunft aussehen könnten, wie der Aufbruch organisiert, gestaltet, koordiniert und reflektiert werden kann. Es scheint mittlerweile den allermeisten klar zu sein, dass ein sozial-ökonomischer Wandel erfolgen muss, wenn das Ziel eines guten Lebens für alle beibehalten werden soll und nicht die Brasilianisierung offen oder verdeckt angestrebt werden soll, in der einige wenige gut in angenehmen Ghettos mit hohen Mauern und Zäunen leben und der große Rest Hitze, Dürren und Fluten überlassen wird. Wenn wir solche Welten nicht unseren Enkel:innen hinterlassen wollen, dann brauchen wir einen Aufbruch zum Wandel, diese Erkenntnis ist in der Mitte der Gesellschaft angekommen, auch wenn die Vorstellungen, wie darauf zu reagieren wäre, weit auseinanderklaffen.

Wandel ist aber mit zwiespältigen Gefühlen verbunden. Wandel ist spannend, verunsichernd, motivierend, macht Angst. Übergänge beinhalten nicht nur Hoffnung und Neuaufbruch, sondern sind auch mit Loslassen und Unsicherheit verbunden. Jedem Anfang wohnt ein Zauber inne, wie Hermann Hesse einst schrieb, und deswegen sind Aufbrüche mit dem Gefühl verbunden, dass es voran geht. Das beflügelt, macht die ersten Schritte leicht. Ein Aufbruch ist oft mit Erfolg verbunden. Eine Bewerbung war erfolgreich, ein Projekt geht an den Start, eine Wahl wurde gewonnen, eine neue Liebesbeziehung löst Schmetterlinge im Bauch aus. Übersehen wird in dieser motivierenden Leichtigkeit schnell, dass alte Wege vielfach mit Fehlern, Schuld, Versagen und Sackgassen verknüpft sind. Diese können dann wie Blei an den Füßen hängen, und der Zauber des Neuen verfliegt schnell. Aufhören tut weh, verdränge ich die damit verbundenen Gefühle, werden sie zu einer Belastung für den Neuanfang.

Welche Rolle können individuelle und öffentliche Trauer und Klage in der Klimakrise spielen? In einem zerstörerischen Kapitalismus, wenn ich mir mit anderen zusammen darüber klar werde, es geht hier nicht um individuelles Versagen oder eigene Schuld, sondern um die Tatsache, kollektiv, gemeinsam, als System, gescheitert zu sein? Was bedeutet diese Einsicht für mich persönlich und für eine Gesellschaft? Wenn Klage als weichlich, Schuld zuzugeben als peinlich gilt, Scham verborgen werden muss und

Trauer schnell vorbei sein soll? Was ist, wenn ich im Aufbruch feststelle, dass ich lange falsch unterwegs war, mich beispielsweise schäme, viel geflogen zu sein, ein zu großes Haus zu bewohnen, in meinem Beruf mehr zerstört als Gutes bewirkt zu haben? Wie kann es gelingen, dass diese Gefühle benannt und integriert werden, dass sie zu Treibern für nachhaltiges Verhalten werden? Wie können wir zusammen unser Erschrecken in Worte fassen, gemeinsam trauern und klagen, damit sich die Gefühle lösen, gemeinsam, und der Neuanfang ohne die Belastung von schmerzenden Eiterbeulen unter der Haut möglich wird?

Gefühle von Trauer und Klage, Schuld und Scham sind menschlich und normal, aber sie werden in der Reflexion von Transformationsprozessen selten oder gar nicht einbezogen und wenn doch, dann im Modus des Vorwurfs, wie konntet ihr nur...!? Oder sie stehen schnell im Verdacht, der oder die andere versuche sich zu rechtfertigen, zu entschuldigen oder gar herauszureden. Über Erfolg und Ziele wird viel debattiert, aber selten darüber, was es mit uns macht, wenn wir diese Ziele nicht erreichen, keinen Erfolg haben und scheitern.

Die hier unterschwellig mit adressierten Gefühle werden nicht bearbeitet, sie werden den, also uns Versager:innen zugeschoben, die aber meist auch nur ungute, diffuse Gefühle empfinden. Gefühle, die schlechte Laune machen, weil wir keine Sprache haben, diese auszudrücken. Weil wir es nicht gewöhnt sind, darüber öffentlich zu sprechen. Weil wir Angst haben. Angst ist einerseits völlig menschlich, normal, selbstverständlich, allgegenwärtig und sollte uns Menschen daher sehr vertraut sein, andererseits fürchten wir die Angst wie der Teufel das Weihwasser und schieben sie weit weg von uns. Die Umweltaktivistin und Ökophilosophin Joanna Macy sagt:

»Wir haben Angst. Wir glauben, so zerbrechlich und klein zu sein, dass es uns in Stücke reißt, wenn wir es uns erlauben, unsere Gefühle über den Zustand der Welt anzuschauen. Wir fürchten eine tiefe Depression oder Lähmung. Das Gegenteil ist der Fall. Wenn wir es aussprechen, merken wir, dass wir nicht isoliert sind, sondern dass dieser Schmerz weit hinausgeht über das kleine Ego und Konsequenzen hat, die jenseits unserer individuellen Bedürfnisse und Wünsche liegen. Wir erfahren dann nämlich eine Art größerer Identität. Wenn wir den Schmerz, den wir für die Welt fühlen, unterdrücken, dann isoliert uns das. Wenn wir ihn akzeptieren, anerkennen und darüber sprechen, dann wird er zum lebendigen Beweis unserer Verbundenheit mit allem Lebendigen. Und er befreit unsere Hilfsbereitschaft.« (zitiert in Jung 2020, 55).

Die positiven Kräfte, die unter der Angst verborgen sind, kommen nicht zum Tragen, wenn all diese Gefühle nicht ausgedrückt werden. Trauer und Klage sind entlastend, lösend und befreiend. Wo dies gemeinsam geschieht, verbindet es Menschen untereinander; wo es unterbleibt, bleiben Menschen allein.

Unterbleibt es, ist die Folge eine emotionale Überforderung der Einzelnen bei Ausblendung der Gesamtzusammenhänge, der Interessen und Ideologien, der mentalen Infrastrukturen. Das Gefühl, hier vor einem unendlichen verschlingenden Abgrund persönlicher Verantwortung zu stehen, zieht mir den Boden unter den Füßen weg – wegen mir ist die Welt so, wie sie ist, nur ich kann sie retten, mit immer noch mehr Anstrengung. Dabei bleibe ich allein, von manchen gewünscht und gewollt, weil diese wissen, in diesem Zustand bleibt alles, wie es ist, der oder die Einzelne kann das gar nicht leisten – und sie profitieren davon. Kraft, Hoffnung und Veränderung entsteht erst dann, wenn ich mich traue, mit meinen Schuldgefühlen, meiner Angst, meiner Verzweiflung klagend und trauernd an die Öffentlichkeit zu gehen und mich mit anderen zusammenzuschließen.

Natürlich wird es so sein, dass dies als Schwäche gebrandmarkt und abgewertet wird, vor allem von denen, die ein Interesse daran haben, dass alles so bleibt, wie es ist. Aber mehr und mehr setzt sich die Einsicht durch, dass dies eine Illusion ist. Das Ergebnis der Bundestagswahl im September 2021 zeigt das Dilemma deutlich: Praktisch alle reden davon, dass Veränderungen nötig sind, alle benennen die Klimakrise als Herausforderung – aber zugleich ist der Wunsch nach Beständigkeit weit verbreitet. Es klingt so ein wenig nach dem St.-Florians-Prinzip: Gefühlt scheint das Risiko, in den nächsten Jahren selbst dramatisch von der Klimakrise betroffen zu sein, noch sehr niedrig, warum soll ich dann freiwillig radikale Veränderung wählen? Denn diese anzustreben, bedeutet umgekehrt, mich mit der Tatsache auseinanderzusetzen, falsch unterwegs gewesen zu sein. Also wählen wir wider besseres Wissen, aber zur Beruhigung unserer Angst vor Veränderung, diejenigen, die etwas Veränderung und viel Beständigkeit versprechen. Wie kann das betrauert und beklagt werden? Fridays for future wählt den Weg

der Wut und der Anklage. Ich verstehe das, aber ist das ein Erfolg verspre-
chender Weg? Müsste nicht zugleich auch die Angst vor dem Wandel ausgesprochen und ernst genommen werden? Oder ein Weg eröffnet werden,
Schuld und Scham zu benennen, holprig und stotternd vielleicht, aber einander gesagt?

Meine Hoffnung setze ich darauf, dass aus gemeinsamer, öffentlicher
Trauer und Klage Vorstellungen erwachsen, was gemeinsam Sinn macht.
Das beinhaltet Risiken, keine Frage – aber die Risiken, einfach so weiterzu-
machen wie bisher, sind kalkulierbarer: Sie führen unweigerlich weiter in
den Abgrund, sind sinnlos. Sinn aber ist im Leben nicht nur auf individueller,
sondern auch auf gemeinschaftlicher Ebene zu finden. Er zeigt sich nach
Silja Graupe oft spontan im Gemeinsinn (Graupe 2020, 2), der sich und
mich mit einem öffentlichen Sinn und Zweck verbindet, wie Marianna Mazzucato sagt (Mazzucato 2021, 25). Die Suche nach und die Orientierung
an einem öffentlichen Sinn bildet dabei ein Korrektiv, das Menschen davor
bewahrt, atomistisch in die Irre zu gehen.

Es macht für mich Sinn, Angst, Scham, Wut und Trauer öffentlich zu the-
matisieren und zu reflektieren. Dazu braucht es Orte, Formen und Rituale,
die wir heute (noch) nicht haben. In Ansätzen zeigen sich Formen allerdings
in der breiten Protestbewegung, die Fridays for Future ausgelöst hat, insbesondere bei extinction rebellion (XR). Programmatisch heißt es dort auf der
Website:

»Die Klimakrise ist bedrohlich. Sie befeuert Angst, Verzweiflung, Trauer
und Wut. Bei XR möchten wir diesen Gefühlen Ausdruck verleihen, sie akzeptieren, miteinander teilen und gemeinsam bewältigen. Wir spüren unsere
Verbundenheit, wir akzeptieren uns mit unserer Liebe, unserer Trauer, unserer Verzweiflung und unserer Wut. Alle unsere Gefühle gehören zu uns
und fließen ein in unser gemeinschaftliches Handeln. Gerade aus diesem
Grund wächst die Rebellion: weil unsere Gefühle in ihr Platz finden und die
Rebellion ihnen Ausdruck verleiht. Unsere Bereitschaft, unsere Emotionen
angesichts der drohenden Katastrophe wahrzunehmen und anzuerkennen,
ist ein entscheidender Aspekt von XR.« (https://extinctionrebellion.de/wer-
wir-sind/regenerative-kultur/, abgerufen am 05.10.2021)

Vielleicht können wir Älteren hier von der jungen Generation lernen, wie
öffentliche Klage und Trauer möglich werden? Dazu gehört Mut, denn die

emotionale Wucht, mit denen die Aktivist:innen auftreten, löst schnell Angst und Abwehr aus.

Vielleicht gewinnen wir in der gemeinsamen Trauer Sicherheit und Mut. Beides brauchen wir für den Aufbruch und den Wandel. Joanna Breidenbach ist der Meinung, dass wir Neues nur gestalten können, wenn wir uns hinreichend sicher fühlen. Sonst brauchen wir alle Kraft dafür, uns zu stabilisieren und die inneren Spannungen zu managen. Für sie ist der immense Druck, den wir heute in vielen Bereichen spüren, in der Klimakrise, der wachsenden Spaltung zwischen Arm und Reich und dem Umgang mit Flucht und Migration darauf zurückzuführen, dass wir uns als Gesellschaften und Individuen nicht dynamisch mit den Anforderungen der Zeit verändert haben, sondern an vielen Stellen in der Vergangenheit stecken geblieben sind (Breidenbach 2021, 164).

Ich bin hier auf der Suche, auch mit anderen zusammen. Wir experimentieren im Anschluss an die Tradition der Politischen Nachtgebete im Herbst 2021 mit einem Ökologischen Freitagsgebet. Dabei geht es darum, sich bewusst der natürlichen Mitwelt zuzuwenden und unserer Beziehung zu ihr. Das erste dieser Gebete fand im Wald statt. Wo nützt mir der Wald? Wo nütze ich dem Wald? Wo schade ich dem Wald? Welche Zielkonflikte lasten auf dem Wald zwischen Holzwirtschaft und Naherholung? Die Idee lautet, dass die verschiedenen Stimmen und Sichtweisen hier in einem Rahmen zu Wort kommen können, und die Gegensätzlichkeit zu stehen kommt neben der Freude über die Schönheit und das Erschrecken über den Müll im Wald. Und dass gemeinsam versucht wird, die Gefühle in Worte zu fassen, Freude, Dank, Erschrecken, Schuld, Scham… Ich weiß, dass auch andere sich auf diesen Weg machen, hier und dort gibt es Ansätze und Versuche, die Klimakrise entsprechend sprachlich und emotional in den Blick zu bekommen.

Vielleicht ist es sinnvoll, sich wieder den alten Traditionen zuzuwenden, der religiösen Sprache von indigenen Völkern oder östlicher Religionen, weil sie in ihrer Fremdheit anregend und irritierend gleichermaßen sind.

Und wir haben zugleich eine eigene reiche jüdisch-christliche Tradition, die wir befragen können – im Eingeständnis, ich bin sprachlos, mir fehlen die Worte, ich bin stumm, mir schnürt all das Schreckliche die Kehle zu. Vielleicht macht es Sinn, Psalmen, Propheten und Klagelieder wieder zu lesen, vielleicht auch neu zu schreiben, zu paraphrasieren. Für mich allein oder mit anderen zusammen. Nicht verbunden mit der naiven Hoffnung, dass sich dann ein allmächtiger Gott vom Himmel herab erbarmt und alles neu macht. Sondern in der Hoffnung, dass sich beim Lesen, Hören, Schreiben zwischen den Zeilen Neues ereignet, sich neue Wörter und Sätze zeigen, unvermittelt, überraschend, begeisternd. In der Hoffnung, dass ein Gemeingeist meinen Kleingeist ergreift, umgreift, durchdringt. Wirklich neu ist das nicht, es gab und gibt immer Poet:innen wie Kurt Marti und Birgit Mattausch, die uns die Kraft der Poesie lehren und ermutigen, eine eigene Sprache zu finden, Sprache der Freude, Sprache der Trauer und der Klage, Sprache der Schuld, Sprache der Vergebung, Sprache der Verbundenheit, Sprache der Hoffnung…

Letztlich stellt sich im Scheitern, in Trauer und Klage die Frage nach dem, was mir Vertrauen gibt. Wem ich vertrauen kann. Und es schließt das Risiko ein, dass Vertrauen nicht erwidert oder gar missbraucht wird. Es reicht nicht aus, zu sagen, ich muss mir selbst vertrauen. Der Gedanke aus dem dreifachen Liebesgebot in der Bibel ist so verkehrt nicht: Du sollst Gott lieben und deinen Nächsten wie dich selbst. Auch für Menschen, die sich nicht als religiös ansehen, leuchtet es ein, dass dieser Dreiklang Sinn macht: Selbstliebe, Nächstenliebe und Liebe zu einem größeren sinngebenden Horizont, wie immer ich Letzteren für mich fülle. Denke ich hier weiter, komme ich zu sehr einfachen Aussagen wie: Kontemplation und Kampf gehören zusammen. Gebet und Aktion, Meditation und Mediation, Pause und Aktion.

Dafür braucht es Räume, Spielräume und Freiräume, Aktionsräume und Schweigeräume, um die Verbindung und die Balance zu suchen und zu finden zwischen Trauer und Freude, Enttäuschung und Hoffnung, Klage und Vision. Räume, in denen Frauen, Männer und Kinder, Jüngere und Ältere tastend und mutig, riskant und spielerisch unterwegs sind, sich gegenseitig erzählen und miteinander weinen. Räume, in denen Menschen sich auf den Weg machen, neue Sprache, neue Visionen, neues Leben zu testen und zu finden. Wie viele vor ihnen werden sie erleben, dass auch aus gemeinsamer und öffentlicher Trauer und Klage Kraft, Mut und Dankbarkeit erwachsen, Klarheit entsteht, Klarheit im Hier und Jetzt, in der ehrlichen Rückschau und im sehnsuchtsvollen Blick voraus.

Literatur:

Breidenbach, Joana (2021): Innenansicht: Eine Dekade Inner Work und New Work, Berlin

Graupe, Silja (2020): Der Gemeinsinn als dynamisches Fundament von Wirtschaft und Gesellschaft. Für ein neues Erkenntnisparadigma der Ökonomie. [https://www.econstor.eu/bitstream/10419/218896/1/169906413X.pdf; 28.09.2021]

Jung, Matthias (2020): Unverbundenes verbinden. Dialog und Spiritualität in der sozial-ökonomischen Transformation, München

Jung, Matthias (2021): Scheitern in unternehmerischer Tätigkeit. Eine theologische Betrachtung. In: Jähnichen, Traugott et. al.: Priorität für die Arbeit. Profil kirchlicher Präsenz in der Arbeitswelt gestern und heut. Festschrift für Günter Brakelmann zum 90. Geburtstag, Münster, S. 287-298

Mazzucato, Marianna (2021): Mission. Auf dem Weg zu einer neuen Wirtschaft, Frankfurt am Main

Schlussgedanken

Dieses Buch ist die Frucht vieler Gespräche zwischen uns. Wir haben die Thesen unserer Essays immer wieder im täglichen Dialog geprüft. Solche Texte entstehen auch immer aus vielfältigem, manchmal auch nur flüchtigem Austausch mit anderen. Mit einigen Menschen diskutierten wir intensiver, daher möchten wir uns an dieser Stelle bei ihnen besonders bedanken:

Alexandros Trapesanlidis, Alkis Haralambidis, Anna Brandes, Charlotte Walter, Christine Avenarius, Corazón Zeitner, Elias Tsolakidis, Jan Steinhauer, Melanie Jaeger-Erben, Nils Thimm, Regina Schlager, Susanne Krüger.

Kurz vor dem Jahreswechsel schließen wir unser Manuskript ab und streiten konstruktiv weiter. Neue Fragen tauchen auf. Eine beschäftigt uns intensiv: Wir ringen miteinander um das Wesen von Widerständen. Gibt es für jeden Widerstand einen guten Grund, der Ausgangspunkt für einen Dialog sein kann? Oder gilt es in bestimmten Momenten, einfach »nein« zu sagen und Widerstand zu leisten, den Dialog zu verweigern und zu widersprechen? Wenn ja, wie unterscheide ich das eine von dem anderen?

Uns ermutigt der gemeinsame Dialog, das Ringen um stimmige Worte und Sprache. Das hat uns verändert. Matthias ist sensibler geworden, nimmt Gefühle intensiver und klarer war. Die Begegnung mit Robin Wall Kimmerer und der Studienaufenthalt im kochend heißen Griechenland haben hier Türen geöffnet. Christine hat begonnen, gezielt an der Umsetzung ihrer Vision zu arbeiten, das Buch ist ein Teil dieses Prozesses.

Widerständiger Wandel und Wandel im Widerstand sind möglich und eröffnen Wege in eine bessere Zukunft. Es lohnt sich den Dialog zu suchen und zu wagen.

Wir hoffen, dass unsere Essays Sie beflügeln, eigene Schritte im Wandel zu wagen, mutig und der Spur der Freude folgend.

Aufbruch zu neuen Ufern

Die Klima-Corona-Krise verschärft und präzisiert die Herausforderung der anstehenden sozial-ökonomischen Transformation. Viele Begriffe werden brüchig: Vertrauen, Glauben, Sicherheit, Schöpfung, Sinn. Der evangelische Theologe Matthias Jung – seit mehr als dreißig Jahren Grenzgänger zwischen Kirche und Arbeitswelt – macht Vorschläge, wie diese Worte neu mit Leben gefüllt werden können.

M. Jung

Unverbundenes verbinden
Dialog und Spiritualität in der sozial-ökonomischen Transformation
224 Seiten, Broschur, 24 Euro
ISBN 978-3-96238-258-2
Auch als E-Book erhältlich

Vom Krisenmodus zum Handlungsmodus

Warum überwinden wir die Ökologische Krise nicht endlich, statt uns immer tiefer in sie hineinzuverstricken? Der Physiker und Philosoph Michael Rentz zeigt eindrücklich die kulturellen Mechanismen auf, die uns immer wieder zurück in die Krise führen – und einen spannenden Denkansatz, um sie dauerhaft zu überwinden.

M. Rentz

Ökologie der Schuld
Geschuldetes Handeln statt Schuldsprüche auf dem Weg zur Nachhaltigen Entwicklung
200 Seiten, Broschur, 28 Euro
ISBN 978-3-96238-274-2
Auch als E-Book erhältlich

DIE GUTEN SEITEN DER ZUKUNFT

Der blinde Fleck der Nachhaltigkeit

Die 2020er-Jahre sind unsere letzte Chance für den Erhalt menschenwürdiger Lebensbedingungen. Der Schlüssel liegt in einem grundlegend neuen Verständnis von Nachhaltigkeit: Nicht im richtigen Handeln beginnt Nachhaltigkeit – sondern in dem Moment, in dem wir die unbewusste Spaltung unserer Psyche und Identität als Ursache für fehlende Nachhaltigkeit überwinden.

D. Sieben

Ganz Mensch Sein
Wie wir die Schein-Nachhaltigkeit überwinden – Ein Transformationsleitbild
232 Seiten, Broschur, 26 Euro
ISBN 978-3-96238-278-0
Auch als E-Book erhältlich

Mit Spiritualität gegen den Klimawandel

Trotz Klimawandel ist eine gute Zukunft für alle Menschen möglich. Doch Appelle mit nüchternen Fakten bewirken wenig, erst durch Emotionen verändern Menschen ihr Verhalten. Religionen setzen hier an und motivieren, mit Herz und Verstand an der Welt von morgen zu bauen. Das Buch lädt zu einer spirituellen Entdeckungstour ein, begleitet von ökonomischen und gesellschaftlichen Analysen, die politische Perspektiven und konkrete Handlungsmöglichkeiten aufzeigen.

G. Banzhaf

So entsteht Zukunft
Spirituelle Ressourcen, philosophische Reflexionen, politische Perspektiven
176 Seiten, Broschur, 20 Euro
ISBN 978-3-96238-315-2
Auch als E-Book erhältlich

 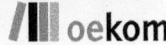

Nachhaltigkeit als christliche Aufgabe

Der Mensch ist im Zeitalter des Anthropozän zu einem geologischen Faktor geworden. Weil von den negativen Folgen zuerst Ausgebeutete in den Ländern des Südens betroffen sind, stellt sich im Anthropozän die alte Gerechtigkeitsfrage in neuer Schärfe und neuer Gestalt. Daher brauchen wir eine »kulturelle Revolution«, so Papst Franziskus. Auch die christliche Theologie und die Kirchen können und sollten entscheidend zur sozialökologischen Transformation beitragen – dies wird im Anthropozän zu einer Hauptaufgabe der Kirchen.

B. Bertelmann, K. Heidel (Hrsg.)

Leben im Anthropozän
Christliche Perspektiven für eine Kultur der Nachhaltigkeit
352 Seiten, Broschur, 20 Euro
ISBN 978-3-96238-060-1
Auch als E-Book erhältlich

Politik anders denken

In einer sich immer stärker verändernden Gesellschaft gilt es, Menschen aus unterschiedlichsten Lebenswelten wieder in Kontakt zu bringen, damit wir konstruktiver miteinander diskutieren und bessere Entscheidungen fällen. Die Methode von Katharina Liesenberg, Linus Strothmann: Losen. Sie haben dann im wahrsten Sinne des Wortes an Türen geklingelt und Menschen in ihrer persönlichen Lebensrealität abgeholt. Ein Buch voll inspirierender Beispiele, die ihren Praxistest alle bestanden haben.

K. Liesenberg, L. Strothmann

Wir holen Euch ab!
Wie wir durch Bürgerräte und Zufallsauswahl echte Vielfalt in die Demokratie bringen
256 Seiten, Klappenbroschur, 24 Euro
ISBN 978-3-96238-367-1
Auch als E-Book erhältlich

DIE GUTEN SEITEN DER ZUKUNFT